S W A R O V S K I

스와로브스키 풍수

이수
Lee Soo

장서원
도서출판

F E N G S H U I

|이수|명리학자

필자는 역학의 본토인 중국에 외국인으로는 사상 두 번째로 명학서인 적천수적요(滴天髓摘要)를 출간하며 세계적인 명리학자로서의 입지를 세웠다. 한국을 대표하는 저명한 명리학자(命理學者)이자 (재)세계불교법왕청불교신문 회장으로 재직 중 대한불교 명각종(命覺宗) 종정으로 추대됐다. 역학계 최초의 기업인 애스크퓨처닷컴을 만들었으며 최근에는 어플리케이션을 통한 예측 툴을 개발하는데 주력하고 있다. 저서로는'부자의 운명으로 갈아타라', 'CEO풍수학', '명리36금수', '팔자허자론'외 약 40여 권에 이르는 방대한 학술 저술을 남겼다.

현재 KNN '풍수의 시대, 나를 경영하라' 외 케이블 채널 북TV '이수의 교양명리학 - 크리스털풍수' 및 법률방송에서 '이수의 팔자명리학 30강'이 연속 방영중이다.

preface*

나는 한국의 명리학자(命理學者)다. 자고이래로 팔자명리(八字命理)를 가장 신봉한 인사 중의 하나이자, 온고(溫故)하고 지신(知新)한 까닭에 나름 저명해졌다. 다시 말해 정명(定命)의 가치에 몹시 충실한 태도를 정해온 셈이다. 그러다가 근자에 이르러 오자술(五字術)이라는 한국의 명운학(命運學)을 주창하며 일종의 물상대체(物象代替)와 같은 성격의 방편(方便)의 세계를 궁리하게 됐다. 이러한 입장에서 사물을 바라보면 프로메테우스적인 풍수(風水) 또한 맥락관통하는 바가 있다. 예나 지금이나 풍수는 고유의 학술적 이론이나 연구 성과로 전수되고 있지만, 실상을 파고들면 학문이라기보다는 그저 하나의 거대한 담론 체계로 보는 게 적당하다. 굳이 학문을 논하자면 명리를 베이식으로 삼지 않는 이상 허상에 불과하다.

지난해 필자는 매일경제신문사가 발간하는 경제 월간지 '럭스맨(Luxmen)'에 'CEO풍수갤러리'라는 문패를 단 풍수(風水) 칼럼을 연재한 바 있다. 이전에도 더러 잡다한 풍수 산문을 정기적으로 실은 적이 있는데 중앙일보 이코노미스트지의 'CEO풍수학'이나 동아비즈니스리뷰(DBR) 등에 기고한 글 따위다. 연관된 저술도 몇 종 있다. 팔자명리와 달리 비교적 독자들의 눈높이에 맞춘 풍수 연재물은 해당 매체에서 편집돼 몇 종 출간된 바 있다.

동양술학의 새천년을 여는 시발점은 한국이 돼야 한다고 생각한다. 운명학술의 시원이 되는 팔자명리는 이미 본토 중국의 이론체계를 앞선 지가 꽤 됐다. 풍수는 이에 미치지 못한다. 세계의 풍수 조류는 이장이나 이사, 개축과 같이 돈이 많이 드는 풍수 개선에서 조그만 비용과 간단한 처방으로 풍수의 결함을 교정하는 펑쉐이큐어(Fengshui Cure)로 패러다임이 변했다. 이를테면 종래에 오직 배산임수(背山臨水)의 명당 터가 중시됐으나 지금은 관엽식물이나 조명, 분수나 수조 등의 소품으로 명당을 스스로 대체해서 꾸며나간다. 가장 앞서나가는 트렌드는 풍수갤러리다. 공간에 산수화나 사군자 등의 그림을 배치해서 명당의 기운을 조성하는 식이다. 풍수 교정에서 거의 만병통치약에 가까운 기물은 거울과 크리스털을 손꼽을 수 있다. 여기에 착안해서 크리스털로 제작된 동물의 조상(彫像)은 풍수 교정뿐만 아니라 방편(方便)과 개운(開運)에 이르기까지 효용을 극대화할 수 있기 때문에 이 책을 쓴 계기가 됐다.

오래전부터 동양권의 민속에는 행운의 동물상이 존재했다. 특히 십이지에 별러 정해진 십이생초(十二生肖, 띠에 해당되는 열 두 동물)나 도교와 불가의 십이신장(十二神將) 등은 방위신이나 호신의 개념으로 전래돼왔다. 하지만 그 이치나 연유에 대한 사유가 부족하고 명료한 설명이 없다. 명리에서는 각 지지에 배당된 세 마리씩의 동물이나 곤충이 있는데 이를 36금수(禽獸)로 통칭하고 팔자에 따른 각 글자의 효용을 말하는 이론적 술수 체계가 있다.

이상을 간단히 정리해 새로운 풍수 방편의 세계를 선보인다. 납득이 가는 개운 논리의 시발로 이 책의 의미가 나타나길 기대한다.

2012년 겨울, 부산 해운대 센텀.

이수 識

content*

explanatory*

웃으면 복(福)이 온다. 웃음이 뜨는 시대가 왔다. 웃음의 힘이 놀랍다. 웃음은 심장도 튼튼하게 하고, 암도 물리친다. 다이어트에도 그만이다. 최근에는 '펀(Fun)경영'이라는 신조어가 유행할 정도로 웃음은 대세가 됐다. "좋아 웃는 게 아니라 웃어야 좋아진다."는 신념을 퍼트리는 게 핵심인 모양이다.

예능이 대세다. 예능에 자질이 없어도 이런 환경에 적응하려면 시쳇말로 반응을 잘해야 한다. 싱겁고 가벼워도 웃기는 사람들이 특별한 대접을 받는 시대다. 흔하게 박장대소를 유도하고 또 그에 따라 손뼉을 치며 크게 웃어주는 패널이나 방청객들의 모습이 방송 전파를 탄다.

반응을 잘해야지, 시쳇말로 리액션이 부족하면 부적격자로 따돌림 당하기 십상이다. 억지가 이만저만이 아니다. 정말 가소로운 일이다. 자연스럽게 서린 유머와 위트가 흐뭇한 기분을 만들게 하는 것이지, 거울보고 입가 양쪽을 강제로 끌어올린다고 해서 복이 올 리가 만무다.

웃음을 강요하면 그것도 짜증 끝에 병이 되는 수가 있다. 웃음의 순기능은 간명한 진리다. 하지만 경박함은 그 끝을 금세 드러내기 마련이다. 무엇이든 지나치면 문제가 있다. 크고 헤프게 웃기를 잘 하는 사람은 대개 힘든 기색이나 슬픈 감정도 쉽게 노출하는 성정을 지녔다. 희로애락의 감정이 뚜렷하게 드러나는 사람들은 십중팔구 변덕이 있다. 심하게는 지성이 결여된 것이고, 정신상태가 건전치 않다고 볼 수 있다.

풍수(風水)는 진지하게 자연스러운 웃음을 유도하는데 집중했다. 웃으려면 먼저 기분(氣分)이 좋아져야 한다. 먼저 좋은 기(氣)를 모으는 환경을 정비하는 게 풍수 실천의 요강이다. 쉽게 말해 웃을 수 있는 환경을 인위적으로 조성하는 배려의 정신이 풍수사상의 골자다.

풍수의 언어는 기(氣)다. 비단 풍수뿐만 아니라 동양의 사상과 문명은 기(氣)의 개념을 떠나 설명되지 않는다. 기라는 말은 노자(老子)를 이은 장자(莊子)부터 구체적인 뜻을 가졌다고 볼 수 있다. 이때 기는 만물이 생성되고 변화하는 기본으로 나아가 물질계를 구성하는 본질로 사유됐다. 장자는 생과 사를 '기의 취산(聚散)'으로 봤다. 즉 기가 모이면 생명이 되고, 기가 흩어지면 죽음이란 얘기다. 후한(後漢)의 왕충(王充)도 모든 것이 기로 구성됐으며 자연과 사람도 다 기의 변화과정에서 생겨난 것으로 생각했다.

동양교학의 전제가 되는 음양(陰陽)과 오행(五行)의 논리는 대략 이 무렵을 전후해서 확립되었다고 보면 된다. 오랜 생명력을 지닌 팔자명리(八字命理)의 방술에서는 '기의 청탁(淸濁)'을 강조했다. 한마디로 기가 맑으면 오래 살고, 탁하면 일찍 죽는다고 본 것이다. 생명을 유지하는 동력원의 추상적 요소에서 청탁이라는 질(質)의 개념까지 확장된 셈이다. 어쨌든 기란 살고 죽는 문제를 결정하는 생사문(生死門)과 같은 중대한 의미를 품었다. 그러다보니 일부 특정 부류에서는 기라는 용어를 혹세무민(惑世誣民)의 도구로 남발하는 부정적 현상을 낳기도 했다. 하지만 실상 기라는 말은 한정된 계층이나 영역에 머물러 쓰이지 않는다.

불교용어에 차를 마시고 밥을 먹는 일상적 행위를 일러 항다반(恒茶飯) 또는 항다반사(恒茶飯事)라고 한다. 다시 말해 늘 있는 예사로운 일을 보통 다반사(茶飯事)로 표현하는데 우리말에 기는 일상에서 자연스럽게 표현됐다. 이를테면 '기가 막히다', '기가 차다', '기가 죽었다', '기가 살았다', '기가 빠지다' 등과 같은 식이다.

기는 바람과 같이 손에 잡히지도 않고 눈에 보이지도 않으며 무게도 지니고 있지 않는 상태로 우주 만물을 움직이는 어떤 근원적인 힘으로 여겨졌다. 알게 모르게 우리 생활 속에 있고 생과 사에 직간접적으로 깊이 관여하고 있는 것이다. 보통 호흡으로 해석되는 공기(空氣)부터 시작해서 '천기, 지기, 전기, 자기, 용기, 기운, 분위기' 등의 낱말까지 포함해서 기(氣)를 표현하는 말이 500여 가지에 달할 정도다. 기는 먼 곳의 얘기가 아니다. 체감의 차이가 있을지언정 시간과 공간을 초월해서 누구나 기를 느낄 수 있다.

떠올리기 싫은 사건을 생각하면 몸서리가 치고, 행복했던 시간을 회상하면 가슴이 벅차오른다. 아침에 좋지 않은 일이 있었다면 불쾌한 기분이 하루 종일 지속되기도 하고, 어떠한 일을 계기로 말끔히 해소되기도 한다. 또 어린 시절을 회상하면 아련한 추억에 젖어 당시의 기분에 젖기도 하고, 성공한 미래의 자신을 상상하면 절로 가슴이 뿌듯해진다. 이런 게 다 기의 작용이고, 흐름이다. 복잡하게 생각할 필요가 없다. 기분(氣分)이 좋아지면 생기고, 기분이 나쁘면 사기로 판단하면 된다. 따라서 기분이 좋아지는 환경이 좋은 풍수고, 그 반대면 나쁜 풍수가 된다.

건강과 재물을 얻는 좋은 기운은 바로 몸으로 느낄 수 있다. 한마디로 좋은 기분이 들면 마음과 몸 전체는 생기로 살아 움직인다. 반대로 우울하거나 저조한 기분에 휩싸이면 생기는 사기로 변해 심신을 지치고 병들게 한다. 기는 채워 살려야지, 빼거나 죽여서는 안 된다. 그런데 사람의 기분이 자신의 의지와 무관하게 주변 환경이나 사건에 의해 좌우되는 것이 문제다.

이러한 현상은 명리(命理)의 관점에서 볼 때 극복이 어려운 요소다. 하지만 풍수는 자신의 의지와 노력, 실천으로 좋은 기분을 얻을 수 있다는 전제에서 출발했다. "사람의 복록(福祿)이 하늘에 달렸다"는 전통적인 천명(天命) 사상에서 벗어나 스스로의 의지나 향상심(向上心)으로 능히 운(運)을 바꿀 수 있다는 발상의 전환이 풍수의 생명력을 돋웠다. 그래서인지 풍수(펑쉐이:Feng Shui)는 서구인들에도 별다른 저항 없이 순조롭게 확산됐고 유행의 바람을 탔다.

컴퓨터의 선구자로 알려진 타이완 계 미국인 피터 첸 박사는 20세기의 과학혁명이 상대성이론과 양자역학에 의해 이루어졌다면 21세기의 과학은 '기(氣)과학'이 될 것임을 자신 있게 밝혔다.

▲ 활기와 활력을 불어넣는 크리스털

입하(立夏)를 넘긴 여름의 초입에서 스와로브스키 코리아 황선 대표이사를 만났다. 한눈에 영특하고 민첩한 면모가 드러난다. 동시에 대인관계를 원만하게 하는 소탈한 관록이 엿보인다. 예리한 눈빛과 미소가 서린 입가가 잘 조화된 인상이다. 데면데면하게 수인사를 나눴지만 회견하는 동안 세심한 배려가 느껴졌다.

황 대표는 1958년생으로 무술생(戊戌生)이다. 정사월(丁巳月), 경자일(庚子日)에 태어나 인수용관(印綬用官)의 귀격(貴格)을 지었다. 이런 유형은 보통 관록(官祿)이 두터운 명조(命造)의 전형으로 조직 내에서 착실한 발전을 거듭해서 종내 최고위직에 오른다고 했다. 경진시(庚辰時)에 났으니 자진(子辰) 수국(水局)으로 인상합작(印傷合作)하는 점이 특징. 뛰어난 직관을 바탕으로 기획과 실천이 빠른 타입이다.

이와 같이 팔자(八字)에 목화(木火)가 온전하고 水로 보좌하면 필시 입업건공(立業建功)으로 영화가 절정에 이른다. 다만 상대적으로 木의 기세가 미약한 편이라 부(富)보다 귀(貴)가 앞선다고 볼 수 있다. 캐나다 윈저대에서 회계학을 전공한 황 대표는 1991년 스와로브스키벤처스 코리아 영업 마케팅 담당부장으로 영입됐다가 바로 국내법인의 현지 법인장이 됐다. 그러니까 스와로브스키의 서울 론칭 때부터 지금까지 20년 동안 CEO의 역할을 해온 셈. 쉽지 않은 얘기다. 성실내지 근성 등과 같은 일반적 세인의 평가나 수식으로는 부족한 특유의 리더십 본질이 있다고 봐야 한다.

이점은 팔자에 투영된 두터운 관록을 입증하는 동시에 밝은 미래를 기약하는 근거로 삼을 수도 있다. 명국(命局)에는 수화(水火) 양면이 공히 강한 기세를 형성하며 균형을 잡고 있다. 밝고 어두운 음양(陰陽)과 조습(燥濕)이 잘 조화돼 이 사람은 화려한 세상과 고독한 내면에 두루 통달했다고 볼 수 있다. 고립되고 고독한 처지에 놓이면 영감을 얻고 때를 만나면 탄력을 받아 속도전을 펼친다.

2001년 그가 제안해서 밀어붙인 휴대전화용 크리스털 장식 줄은 오스트리아 본사의 예상과 달리 크게 히트했다. 필자가 판

단컨대 황 대표는 매년의 신년(辛年)이 돌아오면 삶의 비약을 앞둔 일종의 모멘텀이 형성되는 것 같다. 1991년의 신미(辛未)년과 2001년의 신사(辛巳)년이 그러했다. 올해는 2011년 신묘(辛卯)년인데 이렇게 신금(辛金)의 운기가 도래하면 당면 과제의 중압감이나 경쟁 구도 등에 시달리는 편치 않는 형국에 놓일 때가 많다. 그런데 이때 전기(轉機)를 맞이한다. 영감으로 가는 유일한 통로가 고독(孤獨)으로 히트를 예고하는 반짝이는 아이디어가 샘솟는 순간일 가능성이 높다. 어쩌면 풍수가 영감의 바탕이 될지도 모를 일이다.

▲ (위) 경자일생(庚子日生)의 황선 대표이사. 의리지상으로 예민하며 창조적인 인사다. M자형의 이미 또한 이점을 넌지시 알린다.

(아래 오른쪽) 황 사장은 회사의 오랜 CEO 경험을 통해 상대적으로 여성 인력의 우월성을 높이 산다. 스와로브스키는 여성에게 더 좋은 풍수다.

(아래 왼쪽) 크리스탈 구. 스와로브스키에서 생산한 제품은 아니지만 진열대 유리 상자 안에 주렁주렁 매달린 크리스털 구가 인상적이다. 수정구는 보통 천장에 매달아 포인트를 주는 소품이다.

스와로브스키는 본래의 바탕이 풍수다. 크리스털 자체가 풍수와는 떼놓을 수 없는 재료인 까닭이다. 빛은 기를 촉발하고 고양시켜 사람들을 기분 좋게 만드는 중요한 요소다. 풍수에서 빛 교정은 '조명과 거울, 크리스털'의 세 가지로 구성된다. 스와로브스키 매장은 예 외 없이 풍수를 모르고 애쓰지 않아도 삼박자를 다 갖춘다.

소공동의 롯데 호텔 로비에 위치한 매장으로 자리를 옮겼다. 문득 언젠가 동경의 긴자(銀佐) 거리에서 발견한 스와로브스키 플래그십 스토어를 인상 깊게 본 적이 있는데 그때의 감흥이 일었다. 조그만 매장이지만 물리적 공간 이상의 에너지 파워를 발산하는 게 스와로브스키 매장의 특징이다.

1895년에 다니엘 스와로브스키(D. Swarovski, 1862~1956)가 회사를 설립할 때의 일성은 "사람들에게 기쁨을 선사하는 크리스털을 만들고 아름답게 가공한다."는 것이었다. 이 말은 사람들을 기분 좋게 만드는 좋은 풍수를 제공한다는 말과 맥락을 같이 한다. 예언자로까지 알려진 이 창업자는 크리스털이 지닌 아름다움 이상의 에너지와 그 작용을 이미 간파했던 것 같다.

크리스털의 눈부신 컬러와 광채가 사람들을 기쁘게 하고 오래토록 사랑받을 것이라는 확신이 있었을 터. 이미 충분히 통했다. 크리스털이 주는 기쁨은 보다 특별한 의미의 즐거움이다.

영국의 여류소설가 조지 엘리엇 (George Eliot)은 "보석은 그 안에 활기(活氣)를 담고 있다"고 말했다. 고래로 보석은 여성을 즐겁게 하고 기쁨을 주어 왔다. 미소와 웃음만 선사하는 게 아니다. 활기와 활력을 불어넣는다. 그러면 건강해지고 하는 일마다 다 잘되는 강력한 운기로 이어질 수 있다.

풍수에서 크리스털은 '빛, 확장, 새 에너지'를 추가하며 공간의 에너지를 좋게 변화시키는 특별한 소품으로 각광받아왔다. 보통 모퉁이의 날카로운 면에서 발생하는 뾰족한 살기를 해소하거나, 세찬 바람에 노출되어 기가 흩어지는 영역에는 크리스탈 구(Fengshui Crystal Ball)를 천장에 매달아 달아 나쁜 기운을 상쇄하는 교정도구로 썼다. 흔히 마법사의 이미지를 떠올리면 책상 위에 놓인 커다란 수정구슬이 같이 등장하는데 이 또한 상담을 요청하는 많은 사람들이 지닌 해가 되는 기운을 제거하는 용도로 쓰인 것이다.

혹 그 구슬 속에 과거와 미래상이 천연 컬러로 나타난다고 생각했다면 순진한 발상. 어쨌거나 아름답게 보이는 것 자체가 좋은 풍수다. 따라서 크리스털이 발산하는 광채와 더불어 프리즘 효과도 중시된다. 모양이나 커팅, 광택 및 코팅에 이르기까지 크리스털의 대명사로 자리 잡은 스와로브스키는 그 자체로 풍수가 되는 셈이다.

의외다. 스와로브스키는 직접적으로 풍수를 언급한 적이 없어 보인다. 본사의 웹사이트를 찾아 히스토리 전체를 거의 다 훑어봤지만 'Feng shui'라는 어휘를 찾아볼 수가 없었다. 황 대표도 풍수에는 문외한 같았다. 필자가 이점을 언급하자 "아마도 유럽 기업이라 그런 모양..."이라고 즉답했다. 소리 없이 빙긋 웃음이 새나왔다. 지금 서구 기업들의 풍수 마케팅은 우리와 비교될 수 없을 정도로 활발한 게 현실이다. 유럽에만 국한해도 수를 다 헤아리기가 힘들 정도다.

영국 항공업체인 ‘브리티시 에어웨이’, ‘버진 애틀랜틱’, 컨설팅 회사인 ‘아더 앤더슨’, 이동통신업체인 ‘오렌지’, 백화점체인 ‘막스 앤드 스펜서’, ‘리츠호텔’ 등 영국 내 많은 유수기업이 풍수에 입각한 사무실 배치 등을 통해 직원들의 능률 향상을 꾀한 것으로 전해진다.

오렌지사는 풍수지리설에 근거, 자동차 번호판을 포함한 회사물품에 불운을 암시하는 숫자인 4를 피하고 중국인들이 행운의 숫자로 여기는 8을 사용토록 권장하고 있다. 리츠 호텔은 사무실 위치 및 홀의 좌석 배치를 런던의 땅 기운과 조화시키기 위해 풍수를 응용했다고 밝혔다.

‘토니 블레어’ 전 총리의 부인인 ‘셰리’ 여사도 다우닝 가 10번지 총리 관저를 꾸밀 때 풍수 전문가들을 초빙, 이들의 조언을 최대한 받아들여 화제가 된 적이 있었다. 특이하게도 서구인들은 어느 정도의 주술적인 분위기마저 흥미롭게 받아들인다. 버진 애틀랜타 항공사는 길일(吉日)을 택해 새로운 항공노선의 취항날짜를 결정할 정도다. 이 항공사의 리차드 브랜슨 사장은 재미있는 사람이다. 동양 문화를 흠모하고 홍콩에 애정이 많은 명사로 알려져 있는데 몇 해 전 홍콩 관광 홍보 행사 중 어린이들과 어울려 각종 기수련 동작을 따라하는 장면이 외신을 탔다.

6,000만 인구의 80% 이상이 가톨릭 신자인 프랑스에는 일찌감치 풍수 바람이 불었다. 프랑스인들은 외적으로는 실존주의적 사고방식에 충실한 듯해도, 동양의 문화나 사상에 관심이 많다. 필

자가 한때 주한프랑스부인회와 간담회를 가진 적이 있는데 쏟아지는 질문에 시간이 모자랐던 기억이 난다. 야후 프랑스에서만도 풍수 관련 사이트가 3만 여 개를 발견할 수 있다.

프랑스는 서구권으로는 거의 유일하게 팔자술(八字術)도 꽤 수용한 흔적이 남아 있다. 프랑스의 신부들이 근대 중국의 명리학자인 위천리(韋千里)에게 사주학을 배우고 이를 바탕으로 점성학의 토대를 새롭게 다졌다는 것이다. 한번은 주한프랑스대사 부인 '크리스틴 데스쿠엣'이 풍수마니아라 해서 화제가 된 적도 있다. '리빙인테리어'라는 책도 냈다.

일본에는 한때 '비누풍수'라는 것이 유행했다. 방위로 서쪽은 음(陰)의 영역으로 재물의 기운이 넘치는 곳인데 서쪽의 기운이 깃든 프랑스제 비누를 사용하면 금전운이 상승한다는 얘기다. 우습지만 일본의 주부들은 이 같은 말을 듣고 즐겁게 따라 한다. 2000년대 초반 경에는 독일의 프랑크푸르트도서전(Frankfurt Book Fair)에는 취재차 참가한 한국 기자들이 놀랄 정도로 엄청난 종류의 풍수 서적들이 선을 보였다. 현지의 대형 서점에 가보면 프랑스와 독일어 번역판 풍수 서적들이 넘쳐나는 것을 확인할 수 있다.

원래 서구에는 우리와 같은 자생적인 풍수는 없었다. 주로 동양의 영어권 홍콩이나 싱가포르, 말레시아 등의 풍수가들에 의해 저술된 책들이 영국, 프랑스, 독일 순으로 최초에 전파된 것으로 보면 된다. 이렇게 독일도 마찬가지로 풍수가 유행이다. 이곳에서만 2천명이 넘는 풍수컨설턴트가 활동 중이라 전해진다.

얼핏 수긍하기 어려운 얘기지만 차분히 들어준 황 대표의 안내로 매장 안을 둘러봤다. 흥미롭게도 이 회사의 인력 90% 이상이 여성이다. 남자들에 비해 여직원들의 충성도가 높다는 말인데 이는 황 대표의 경영 철학과 무관치 않다. 한마디로 디테일을 중시한 까닭이다. 브랜드 자체와 역사에 세심한 여성적 면모가 깃들었다. 황 대표의 브랜드에 대한 애정과 열정은 남달라보였다.

그는 한국에서 스와로브스키 정신을 더욱 특화시킬 의지를 지녔다. 이를 통해 '창조와 혁신, 완벽함'으로 한발 더 앞서겠다는 의지다. 눈앞에 펼쳐진 다양한 제품군 중에 보다 직접적인 풍수적 의미가 담긴 몇 가지 소품을 골라 사진으로 담아봤다. 쇼윈도에는 다양한 크리스털조각상 들이 놓여있는데 이중 몇 가지 동물상을 꺼냈다. 비록 사진으로 담지는 않았지만 용(龍)과 코끼리의 조각상도 눈에 띄었다. 풍수에서 용상이 내뿜는 파워는 막강하다. 용은 곧 풍수의 수(水)로 설명되기도 하므로 재물을 끌어 모으는 기능을 한다고 본 것이다. 용은 자연의 힘을 상징하는 궁극적 표상이기도 하다. 그래서인지 용의 기물은 엄청난 행운과 풍요를 상징한다.

▲ 조명과 거울, 크리스털의 삼박자가 온전한 풍수 빛 교정의 완벽한 연출이 스와로브스키에서는 자연스럽게 나타난다. 천장에 달린 크리스털 모빌은 스와로브스키의 고유성을 지녔다.

이때 중요한 점은 용이 손으로 여의주를 쥔 모양이어야만 한다는데 있다. 손에 쥔 여의주는 세상의 보배를 수중에 넣었다는 뜻이다. 호사가들은 용의 기물을 과장했다. 용의 머리를 출입구 바깥으로 두면 기후도 조절할 수 있다는 것이다. 매장에서 본 크리스털 용은 아쉽게도 여의주를 손에 쥐지 않았다. 풍수와 결합되지 않은 것이다. 반면 코끼리는 괜찮았다. 코가 하늘로 향했기 때문이다. 코끼리는 고길(高吉)이란 말에서 나왔다. 한 마디로 크게 길하다는 뜻이다. 영어로는 우아하다는 뜻에서 비롯됐다. 코를 하늘로 높이 쳐든 코끼리상은 구원을 얻는다. 오래 전부터 코끼리를 만나면 재복이 터진다고 했을 정도로 특별한 행운의 상징이었다. 이때 백상(白象)은 더욱 귀한 대접을 받는다. 그러므로 크리스털로 조각된 코끼리는 보다 특별한 상징성을 부여할 수 있다. 코가 땅을 향하는 코끼리상은 행운의 소품으로 여기지 않는다.

▲ 잔나비띠와 쥐띠, 용띠 생에게는 암소가 반안(攀鞍)의 동물로 최상의 기물이 된다. 범띠와 말띠, 개띠 생은 암소를 행운의 마스코트로 삼기에 부적합하다. 호랑이상은 말띠나 개띠에게는 행운의 기물로 적합하지만 잔나비

띠와는 상극이다. 풍수에서 물고기는 재화를 창출시키는 촉진제 역할을 한다. 또 하늘로 오르는 물고기 그림은 인물의 천거를 비유해서 합격의 수호신이다. 수험생을 위한 행운의 기물.

큰 부자를 염원하는 중국인들은 돈방석에 앉은 암소의 조각상을 은밀히 보관한다. 무릇 부자가 되는 꿈을 지닌 자라면 암소의 기물을 주목해볼 일이다. 암소는 소원을 들어주고 현실로 이루게 하는 파워를 지닌 상징물로 각광받아왔다. 이 물건을 북방이나 서방에 두면 기적 같은 현상을 보게 될지도 모른다고 풍수의 호사가들은 선전한다.

가장 좋은 것은 금장의 브론즈 제품으로 금괴 조각들과 송아지가 딸린 황소가족상이다. 이것은 노력에 대한 충분한 보상과 휴식, 가족의 평안을 암시한다. 덧붙여 후손의 복록까지 기약하는 상서로운 의미를 담고 있다. 스와로브스키의 제품은 약간 푸른색이 감도는 황소의 상이다. 이것은 강도와 사고, 음모와 술수, 천재지변과 적군으로부터 자신을 보호하는 강력한 심벌로 인식된다.

특히 코뿔소는 더 좋다. 눈이 얼굴의 옆에 붙어 있어 시력은 좋지 않으나 뒤쪽도 시야에 들어오므로 재앙에 대비할 수 있다고 본 것이다. 무언가 부족하다는 생각이 드는 순간 드디어 임자를 제대로 만났다. 붉은색이 조화된 물고기 조각상이다.

물고기는 각광받는 교정수단이다. 살아 있는 싱싱한 물고기는 바다의 결실로 가옥이나 사무실을 더욱 풍족하고 안전하게 만든다. 수(水)와 직결되므로 풍부한 재화를 얻는 작용력이 있다고 본다. 그래서 물고기가 죽으면 즉시 교체해줘야 하는 것이 이런 이유에서다. 실제 물고기가 상징하는 의미는 더욱 심원하다. 절의 대웅전 처마 밑 네 귀퉁이에 달린 풍경에는 어김없이 물고기 모양의 장식이 달려있다.

또 옛날 옷장이나 돈궤 등의 자물쇠통도 대부분 물고기 모양이었다. 이뿐만이 아니다. 전쟁터의 장수가 입은 갑옷은 비늘 모양의 무늬였고, 민화에는 새가 물고기를 물고 날아오르는 장면이 많다. 소위 풍수지리의 형기론자(形氣論者)들은 명당을 잡을 때 흔히 사람이나 동식물의 형체에 비유해서 혈처(穴處)를 찾기도 한다. 이때 유어상탄형(遊魚上灘形)이니 어두형(魚頭形)이라 해서 어김없이 물고기가 등장하는데 이런 형상의 명당은 합격, 장군 또는 수호신을 상징하는 것으로 알려졌다.

이외에도 물고기가 상징하는 것들은 많다. 물고기가 도둑을 지켜준다는 것은 잘 때도 눈을 뜨기 자기 때문에 생겨난 믿음이었다. 서구인들은 엽전 위에서 노는 청동 물고기 상을 두고 돈 잉어(Money Carp)라 하고 중국인들은 황금물고기라 해서 기적적인 발전과 부를 가져온다고 믿는다. 물고기는 성서에서도 천국에 비유되는 기적 현상에 등장한다.

풍수에서 수족관 교정을 할 때는 주로 금붕어를 쓴다. 물고기는 '명리36금수'에서 진토(辰土)로 분류된다. 십이생초(十二生肖)에 辰은 곧 용(龍)인데 조화를 부려 기적을 일궈낸다는 강력한 힘을 암시한다. 최근에는 벽걸이 수족관을 심심치 않게 볼 수 있는데 보통 가정에서는 동쪽이나 북쪽, 서쪽의 벽면에 설치하면 적합하다. 수조의 높이도 풍수에 영향을 미치는데 60~130센티미터 정도가 적합하다. 물은 원칙적으로 높은 곳보다 낮은 곳에 있는 게 자연스러운 현상이므로 너무 높으면 곤란하다. 어른의 심장 높이 정도가 적합하다는 풍수전문가의 견해가 있기도 하다.

현장에서 필자의 건성건성 빠른 설명이 이어지자, 매장 직원들의 호기심어린 눈빛이 살짝 느껴졌다. 아마도 조금은 풍수에 대해 관심을 가질지도 모르겠다. 무엇보다 크리스털과 친근한 이들은 브랜드에 대한 자부가 있다. 여기에 풍수적 의미를 보태면 아름다운 크리스털 제품이 지닌 더 막강한 파워를 알게 된다. 어쩌면 '스와로브스키 풍수(Swarovski fENGSHUI)'로 특화된 브랜드가 탄생할지도 모를 일이다. 스와로브스키는 동양의 미학이 세련되게 결합되기에 안성맞춤이란 생각이 들었다.

올해 초 신년벽두에는 스와로브스키 엘리멘트 한국전이 있었다. 115년 전통의 스와로브스키 엘리먼츠가 우리의 한복 디자이너들과 함께한 콜라보레이션 작업인데 이러한 협업이나 시계 컬렉션 등의 기술적 혁신을 통해 끊임없이 시장을 넓혀왔다. '이미 좋은 것도 항상 개선하자'는 사훈대로 구체적 사물을 벗어나 풍수와 같은 추상적 개념과의 융합을 꾀한다면 새로운 지평을 보게 될지도 모를 일이다.

[이수 / 명리학자 | 사진 = 정기택 기자]

子

제비(燕), 쥐(鼠), 박쥐(蝠)

제비 論鸗, Swarovski Swallows

쥐 論鼠, Swarovski Joe & Harry

박쥐 論蝠, Bruised Lip Light Pink

Swarovski Crystal Black Bat

제비 論鷰, Swarovski Swallows

Feng Shui Tip ▸

1. 제비 소품은 공간의 정북방에 둔다.
2. 소띠에게 제비 기물은 불도(佛道)와의 육합으로 아귀(餓鬼)의 구원을 뜻한다.
3. 잔나비띠에게 제비 기물은 최상의 운기를 촉발시킨다.

4. 제비 기물은 마상(馬象)과 함께 두지 않는다.
5. 제비 기물은 현침(懸針)의 글자 동물상(토끼, 말, 사슴 등)과 함께 두지 않는다.

제비는 철새인데 몸집이 작아도 강남을 가니, 쥐날子日에 태어난 사람은 견문이 넓고 박식한 이들이 많다. 제비는 넓적한 주둥이로 벌레를 잘 잡으므로 기회를 포착하는 능력이 뛰어나다. 현대에는 콘크리트 지붕 아래 어렵사리 연소燕巢를 마련해 새끼를 위해 먹이를 나르느라 눈코 뜰 새 없지만 부지런히 키워 다시 강남으로 돌아갈 생각에 마음이 바쁘다. 이것은 곧 현조玄鳥의 창조력과 고단한 삶을 암시한다. 燕은 또한 향연과 연회를 뜻하니 사람들을 모아 먹이고 노는 잔치를 벌이기를 즐긴다.

제비는 사람이 집을 지으면 제 집도 생겼다 하여 기뻐하는데 남이 집을 지었을 때 마음으로 기뻐하며 축하하는 것을 연하燕賀라 한다. 주변 환경은 늘 바쁘게 돌아가지만 쉴 때는 한없이 편하게 자고, 하는 일없이 한가하게 지낼 때가 더러 있다. 제비에게는 동굴 속에서 안식하는 박쥐蝙蝠의 속성이 있기 때문이다. 공직자나 직장인이 출근하지 않고 집에서 쉬는 것을 연식燕息이라고 한다. 팔자 본주本主에 子가 들면 대개 날씬하고 용모가 아름답다. 연燕나라에는 미인이 많았다. 그래서인지 미인을 일컬어 연녀燕女라고 말했다.

제비가 날아올 즈음에 기러기는 떠나는데, 사람이 서로 멀리 떨어져 사이가 두텁지 않고 거리가 있어서 서먹서먹한 관계를 두고 연안대비燕雁代飛라 한다. 제비, 子와 기러기, 未는 서로 반대의 입장이 되어 만나지 못하니 이를 한탄하는 말이 바로 연홍지탄燕鴻之歎이다. 이것이 곧 자미해子未害요, 원진怨嗔의 관계가 된다. 이 두 글자에 해당하는 육신六神은 도모하는 일이 항상 어긋난다. 제비가 기러기를 만나면 묘지墓地에 들고, 기러기가 제비를 만나면 절지絶地에 든다. 쥐띠나 양띠, 쥐날子日과 양날未日에 태어난 사람들의 사이가 대개 이러하다.

제비의 천적은 뱀과 까마귀다. 뱀이 새집을 잘 넘본다는 것은 옛날부터 흔히 알려져 있는 사실이다. 사겁연추蛇劫燕雛라, 뱀은 제비새끼들의 가장 무서운 적이 아닐 수 없다. 육식성인 까마귀는 제비 알은 물론 새끼까지 잡아먹는다. 연파금오燕怕金烏다. 까마귀는 제비처럼 자유롭게 곡선 비행을 못한다. 金과 水가 이 같이 다르다. 壬이 巳를 보면 절지絶地에 들고, 子 또한 酉를 꺼린다. 酉에서 병病이 드는 까닭이다. 반대로 酉는 子에서 생生을 얻는다.

팔자에 戌亥나 戌子가 보이면 위병胃病을 예고하는데 이때 子酉破가 겹치면 위胃수술을 피해가기 어렵다. 마치 마당개가 제비새끼, 연추燕雛가 떨어지기를 기다리는 형세와 같다. 子巳는 태胎의 조합으로 신속히 합슴을 짓지만, 여기에 卯나 寅申의 형刑이 들면 필시 이변과 변고가 나타난다. 소위 제비가 꽃뱀에게 물린 꼴이 된다.

壬, 제비는 寅이 마馬로 여기에서 합록合祿한다. 반면 子는 寅에서 패지敗地에 놓인다. 연산燕山이 폐위되고 죽은 중종반정中宗

反正의 해는 1506년 丙寅이었다. 子는 卯에서 장생長生한다. 제비집은 마치 고슴도치의 형상과 같아 곧 子卯刑의 물상이다. 卯는 子에서 병病들지만, 子는 卯에서 생生을 얻는다. 卯는 午와 未에서 壬의 丁재, 財를 파출破出한다. 그래서 壬의 귀인貴人이 된다. 이것은 마치 횡재橫財와 같다. 또 巳도 壬의 귀인이다. 하지만 속단은 금물이다. 제비 한 마리가 왔다고 여름이 온 것은 아니기 때문이다. One swallow does not make a summer. 巳에 형刑이 들면 재궁財宮에 풍파가 있다. 子巳合에 申이나 寅의 형刑이 겹치면 변고가 나타난다. 제비 기물은 뱀과 함께 쓰는 법이 없다.

▶ Late Qing Dynasty Chinese Famille Rose Porcelain Jar of Swallow and Flowers

제비는 가정의 평화와 안식을 상징하는 새로 단수가 아닌 짝이나 가족의 복수로 장식된다. 말띠나 토끼띠, 양띠는 제비 기물을 쓰지 않는 게 원칙이다.

쥐, 論鼠, Swarovski Joe & Harry

Feng Shui Tip ▸

1. 쥐 소품은 공간의 정북방에 둔다.
2. 소띠에게 쥐 기물은 불도(佛道)와의 육합으로 아귀(餓鬼)의 구원을 뜻한다.
3. 잔나비띠에게 쥐 기물은 최상의 운기를 촉발시킨다.
4. 쥐 기물은 마상(馬象)과 함께 두지 않는다.
5. 쥐 기물은 현침(懸針)의 글자 동물상(토끼, 말, 사슴 등)과

함께 두지 않는다.

6. 쥐는 다산의 상징으로 복수의 소품을 두는 게 좋다.

쥐는 丑의 굴(丑窟)에서 나왔다. Like attracts like. 쥐는 북고北庫를 떠나 살 수 없다. 이것이 곧 子丑合이다. 일정한 코스를 가지 않고 주위를 살피며 숨었다 나온다. 한 마디로 신중하다는 얘기다. 음침하고 비밀이 많다. 수서양단首鼠兩端이라는 말이 있다. 쥐구멍 속에서 목을 내민 쥐는 북갈까 말까 망설인다는 뜻으로 어느 쪽으로도 붙지 않고 양다리를 걸치는 것을 이르는 말이다. 예컨대 건명 戊子日生이 丑을 보았다면 子와 丑은 마치 밀부密婦, 밀부密夫와 같다. 丑이 형충刑沖으로 개고開庫되면 子는 집을 나간다. 子는 戌에서는 쇠衰하지만, 丑은 대궁帶宮으로 그곳에서 기氣는 살아 北庫를 팔자의 본주本主가 쥐라면 진솔하게 자기 속을 다 드러내는 일이 없다. 子는 음양의 접接으로 조화를 짓는다. 만물의 종자라는 뜻이다. 서산鼠算이란 말은 쥐가 세끼를 많이 나아 그 숫자가 불어난다는 뜻이다.

쥐는 문화적으로 재물, 다산, 풍요기원의 상징이며 미래를 예시하는 영물이다. 쥐는 훔치는 행위는 늘 지탄의 대상이 되는 반면, 그 근면성은 칭찬을 받아왔다. 전서田鼠, 두더지는 땅굴 근듯 일을 욕심스럽게 잘도 해내는 것이다. 아무리 딱딱한 물건이라도 조그마한 앞니로 구멍을 내어놓은 일에서 근면성과 인내력이 감지된다. 쥐는 도둑과 재물의 연관성을 암시하고 있다. 슬럼프에서 한판에 도약하려는 투기심 있다. 대저 소란한 업종은 대성공하는 예를 찾기 어렵다. 예로부터 쥐는 밤에 태어나야 잘 산다고 했다.

壬이 생生하는 申에서 癸는 死한다. 申에 고양이가 살기 때문이다. 그런데 고양이 앞의 쥐 꼴로만 사는 게 아니다. 궁지에 몰리면 쥐가 기를 쓰고 고양이를 물어뜯는다. 사지에 몰린 약자는 강적에게 필사적으로 반항하기 마련이다. 궁서설묘窮鼠齧猫의 역설이다.

그래서 申도 子를 보면 사궁死宮에 든다. 申子合에 금침金浸하니 庚子 동주사다. 子는 현침懸針의 글자들과 복잡한 물상을 짓는다. 子午沖이고 子卯刑이다. 申子合이고 子未害다. 마식서시이복창馬食鼠屎而腹脹, 말은 쥐똥을 먹으면 창자가 꼬인다고 했다. 양도 마찬가지다. 고양이도 죽는 수가 있고, 토끼도 쥐를 보면 병病이 든다.

子가 午를 이기기만 하는 게 아니다. 子와 午는 다 같이 절지絶地에 놓이는 조합이다. 정오와 자정이 정반대에 놓이듯 이 둘은 성격 자체가 다르다. 午와 未는 쥐덫이나 쥐틀과 같다. 子는 말에 가하는 채찍에 비유할 수 있다. 팔자에 子午沖이 있고 양인陽刃이 겹치면 검난劍難이 따른다고 했다. 가령 丙子日生이 午를 보면 본인과 자식의 수술을 예견할 수 있다. 子가 午를 찌르고 午가 子를 찌르기 때문이다. 마음이 격激하여 노여운 감정이 북받쳐 오를 때가 많다. 子는 卯에서 장생長生하지만 형刑으로 인한 재해에서 안심할 수 없다. 卯, 오소리가 들쥐를 잡아먹기도 하는 까닭이다.

辰은 수고水庫다. 팔자에 子가 辰과 丑을 본다면 쥐는 수고水庫와 북고北庫, 두 군데에 거처를 두고 개구멍에 쥐방울 드나들 듯

한다. 辰에 水를 담으면 수난水難이 따른다. 쥐가 모이면 홍수洪水의 전조다. 선원들에게는 '쥐떼가 배에서 내리면 배가 난파難破한다'거나 쥐가 없는 배에는 타지 않는다'는 속신俗信이 있다.

辰이 형충刑沖되면 水는 입묘入墓한다. 예로부터 쥐와 용은 합습이 들어 금슬이 좋다고 했다. 하지만 개와 양이 함께 어울리면 정반대의 결과를 볼 것이다. 팔자에 子辰이나 子丑의 합습이 있는데 未를 보거나 午, 卯를 보면 쥐는 바깥으로 나갈 수가 없다. 이는 마치 독 안에 든 쥐와 같다. 나가면 곧 덫에 치이는 것을 의미한다.

※ 스와로브스키의 혁신은 1892년 창립자인 다니엘이 최초의 크리스털 커팅기계를 개발하면서 시작됐다. 그는 유리 세공자인 아버지 밑에서 견습생활을 하며 유년 시절을 보냈다. 1895년 그는 크리스털을 전기로 자르는 혁신적인 기계를 발명한다. 커팅기계의 비밀이 유출될 것을 두려워했던 그는 기계를 가지고 오스트리아의 시골 마을인 바텐스(Wattens)에 스와로브스키를 설립했다. 크리스털 커팅기계가 개발되기 이전의 크리스털 가공은 모두 수작업으로 이뤄졌다. 다니엘의 커팅기계는 기존의 생산방식을 전기가공방식으로 바꿔 놓았고, 스와로브스키는 크리스털을 대량으로 정밀하게 가공할 수 있게 됐다. 하지만 승승장구하던 스와로브스키는 제1차 세계대전과 두 번의 석유파동이라는 세기의 위기를 겪게 됐다. 70년대 두 번의 석유파동은 스와로브스키에 또 한 번의 큰 위기였다. 경기가 전 세계적으로 침

체되며 기계와 크리스털을 기업에 팔던 스와로브스키의 매출도 위축되고 있었다. 경기침체가 심화되던 75년, 스와로브스키는 크리스털 투명 접착제를 발명한다. 이 접착제를 사용해 스와로브스키는 이듬해 크리스털 마우스를 만드는데, 때마침 오스트리아에서 동계올림픽이 개최됐다. 스와로브스키는 이 크리스털 마우스를 올림픽경기를 구경 온 사람들에게 판매했는데, 이것이 스와로브스키 B2C(Business to Consumer)의 시작이었다. 이를 계기로 스와로브스키는 본격적으로 B2C까지 사업을 확장하게 된다.

▸ fengshui rouge luck mouse, 財源滾滾
이렇게 구슬 하나 쥐고, 앞발을 든 채 일어선 모습이라야 다산과 재원의 영물로 상징된다.

박쥐 蝙蝠, Bruised Lip Light Pink

Swarovski Crystal Black Bat

Feng Shui Tip ▸

1. 박쥐 소품은 공간의 정북방에 둔다.
2. 박쥐는 수복(壽福)과 원활한 대인관계를 통한 성공을 상징한다.
3. 잔나비띠에게 박쥐 기물은 최상의 운기를 촉발시킨다.
4. 박쥐상을 개의 기물과 함께 두면 집안에 우울한 기운이 침범한다.
5. 박쥐 기물은 현침(懸針)의 글자 동물상(토끼, 말, 사슴 등)

과 함께 두지 않는다.

박쥐는 조류나 설치류와 전혀 다른 동물이며, 새처럼 날아다니는 유일한 포유류다. 몸의 구조와 기능이 모두 날기에 편리하도록 발달되어 있으며, 행동도 나는 것과 밀접한 관련이 있다. 비상력이 약한 박쥐는 새가 없는 야간을 택해 곤충을 사냥하는 것으로 진화되었고, 야행성夜行性이므로 水에 배당되었다. 박쥐에겐 밤이 곧 낮이다. '박쥐의 두 마음'이란 속담이 있는데 편복지역蝙蝠之役으로 제 이익을 노려 유리한 편에만 붙좇는 행동을 이르는 말이다. 보통 기회주의적인 사람에 빗대어 쓰지만, 이는 음양의 교접과 연관되기도 한다. 아이소포스(Aisopos)는 'Fable·2: The Bat and the Weasels'에서 오히려 이점을 박쥐의 지혜로 묘사했다. "The Bat assured him that he was not a mouse, but a bat, and thus a second time escaped. It is wise to turn circumstances to good account." 편복蝙蝠은 복福과 동음이자同音異字로 행복, 행운, 부귀, 장수, 무탈의 오복五福을 상징한다. 박쥐는 쥐보다 오래 살므로 수성壽星이다.

박쥐는 왠지 용을 닮았다. 서양의 dragon은 박쥐의 왕과 같은 형상이다. 辰은 수고水庫지만 癸가 辰을 보면 양지養地에 속해 관官을 합생合生하고 재財를 합작合作하는 묘용妙用이 있다. 팔자에 辰이 합습을 이루면 박쥐에게는 보고寶庫와 다름이 없다. 戊土 재財를 비출飛出하는데 용호龍虎의 구분이 없을 듯싶으나 실은 그렇지 않다. 癸는 寅에서 욕패浴敗하는 까닭이다.

박쥐는 천적이 별로 없는데 어린 박쥐에게는 고양이가 가장 큰 적이다. 子는 申을 보면 죽는 것이다. 뱀도 위험하니 癸는 팔자에 寅申巳를 같이 보는 것을 가장 꺼린다. 寅申巳 삼형三刑이 감고 돌면 교통사고를 당할 우려가 크다. 寅申, 巳申, 寅巳는 모두 기계의 회전이나 바퀴 등과 연관되는 물상을 짓는다. 巳는 곧 차車의 물상으로 이때는 바퀴에 치이는 것과 같다. 야간에는 부엉이나 올빼미가 천적이다. 호狐, 부엉이는 곧 子卯刑을 뜻하니 子는 드물게 卯에 물린다. 이것은 오소리나 족제비, 담비 등 여우 계통이 다 마찬가지다.

박쥐는 일반적으로 집단을 형성해서 휴면 또는 동면을 한다. 비단 동종뿐만 아니라 이종異種, 이속異屬과 섞여 서식하기도 하므로 이러한 집단사회성은 본주本主에 子가 있을 때 사교계社交界에서 인기가 있거나 호감을 사는 경향으로 나타난다. 癸는 亥子의 록왕祿旺이 도와야만 생명을 유지할 수 있다. 쥐는 솔개가 쫓고 박쥐는 부엉이가 쫓으니 대개 子는 卯酉와 불편한 관계에 놓인다. 癸는 酉에서 병病든다. 까닭에 癸가 申酉戌을 모두 보면 금다수탁金多水濁을 면할 수 없다. 쇠병사衰病死가 겹치기 때문이다. 辛과 癸가 나란히 있어도 특별한 효용이 드러나지 않는 연유도 마찬가지다.

결론하자면 癸는 亥子丑이 마땅하다. 癸는 未가 묘지墓地다. 박쥐는 丑의 동굴 속에 있을 때가 제일 편하다. 동굴을 벗어나면 매가 채어간다. 癸未日生이 곤명이라면 남편이 매섭게 여겨질 것이고 해로를 기대하기 어렵다. 이는 마치 '정신 나간, bats in the belfry'의 상태에 놓인 것과 같다. 요약하면 박쥐는 바늘을 겁낸다. 午卯가 그러하고, 申酉의 금침金針도 별반 다를 바 없다.

▸ fengshui bat

풍수에서 날개가 달린 짐승의 조형물은 대개 날개를 활짝 편 모습을 길상(吉祥)으로 친다. 구슬을 밟고 날갯죽지로 엽전을 감싼 전형적인 풍수 기물의 형태다.

丑

소(牛), 게(蟹), 자라(鱉)

소 論牛, swarovski cow & calf

게 論蟹, swarovski crab

자라 論鱉, Swarovski Eternity Color Turtle

소 論牛, swarovski cow & calf

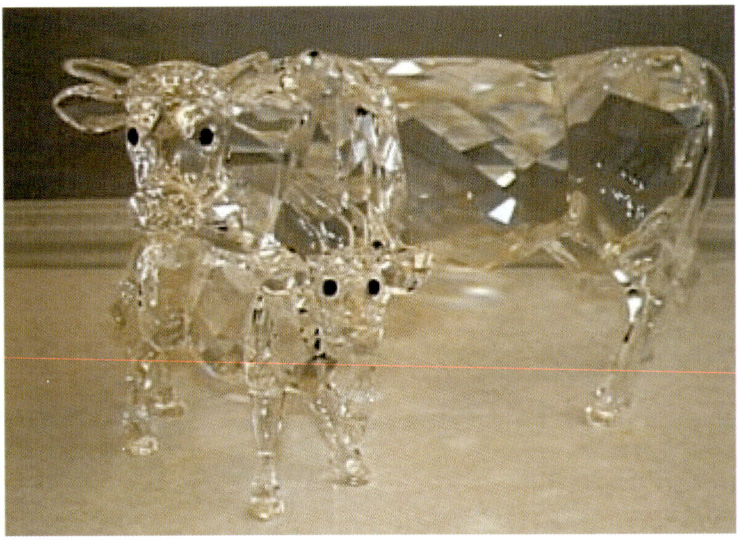

Feng Shui Tip ▸

1. 암소 소품은 공간의 동북방에 둔다.
2. 암소상은 재운의 소원을 통하게 하고, 재물의 고양을 촉진시킨다.
3. 양띠나 용띠, 개띠는 암소상을 두지 않는 게 원칙이다.
4. 쥐띠와 소띠에게 암소상은 최상의 기물이다.
5. 암소상에 토끼상이나 잔나비상이 함께 하면 불운을 부른다.

소는 인간에게 매우 유익한 동물이다. 손님에게 대접하는 음식에도 대뢰大牢와 소뢰小牢의 구별이 있는데 상대에게 좋은 인상을 주고 음식이 풍성하다는 걸 보여주려면 반드시 쇠고기가 들어가야 했다. 원래 대뢰란 나라에서 제사를 지낼 때에 소를 통째로 바치던 일을 말한다. 특히 신에게 바치는 희생 제물은 당연히 소였다. 천자는 천지에 제사를 지내고, 제후는 산천에, 선비는 자신의 조상들에게 제사를 지냈는데 이때 바치는 희생제물을 희우犧牛, 비우肥牛, 소우素牛라고 해서 각기 신분에 맞는 소를 썼다. 게다가 그렇게 제물로 바칠 때 소는 사람들에게 죽임을 당해도 태연하게 받아들였다. 그래서 후대에 희생犧牲정신 같은 말이 생겨났다. 희생이라는 말이 모두 소우牛 변이다. 소는 소원을 비는 행위와 밀접하다. 문제를 푼다는 해解에도 소의 뿔을 칼로 잘라내고 소머리를 제물로 바친다는 뜻이 담겨 있다. 소는 하늘의 노여움을 풀 때나 풍요를 기원할 때 제일가는 제물로 많이 사용됐다.

소는 사람과 깊은 관계를 맺는 짐승이다. 그래서인지 소가 짐승 전체를 대표하는 의미로 쓰이기도 했다. 옛말에 짐승의 수컷은 모牡, 암컷은 빈牝으로 쓰였는데 소가 모든 짐승을 대표하는 것으로 사유해 볼 수 있다. 빈모牝牡는 비단 소의 암수만이 아니라 모든 짐승의 암컷과 수컷에 사용되며, 나아가 조류에게도 적용된다.

가정에서 부인이 주제넘게 나서서 함부로 말참견하는 것을 경계해서 '암탉牝鷄이 새벽을 알리면 집안이 삭막해진다'는 말이 있다. 노자老子는 일부러 천한 문자를 사용하는 경향이 있는데 빈모라는 글자로 인간 남녀를 드러내며 '암컷은 항상 고요함으로써 수컷을 이긴다'는 말을 남겼다.

또 옛날에는 산악을 모牡라 하고 계곡을 빈牝이라고 했다. 사유해보면 물物이라는 그자도 우牛 변에 속한다. 물物은 심心에 대응하는 모든 것들을 총괄하는 명칭인데 인간의 지식과 정신을 제외한 우주의 삼라만상, 즉 모든 사물이 우牛에 속한다. 까닭에 소는 물질과 아주 가깝게 맞닿아 있다.

소는 부지런하고 주인에게 충직하며, 또 맡은 일을 성실히 수행하므로 게으른 사람들에게 교훈으로 많이 비유되기도 한다. 석전경우石田耕牛는 황해도 사람들의 근면과 인내심을 평한 말이다. 그래서인지 부모의 덕이 별로 없고 일복이 많아 평생을 열심히 일하면서 자수성가하는 사람들 가운데는 소띠가 많다고 한다.

소를 신성하게 여기고 받드는 성우숭배聖牛崇拜의 신앙은 특히 인도에서 성하다. 무巫에서는 특히 소에 민감하다. 소는 조상과 관련짓는다. 그래서인지 영매靈媒의 팔자에는 丑을 많이 볼 수 있다. 戌도 얼추 그러하다. 팔자에 丑을 형刑하면 산소를 이장移葬한다. 丑은 물이 찬 조상의 묘를 암시한다. 丑은 甲의 진귀珍貴다.

재財를 합생合生하니 자연 의록衣祿이 두텁다. 이것은 丑에서 관대冠帶하기 때문이다. 호랑이가 소를 보면 식록食祿이다. 그러나 말을 본다면 사냥이 시작되었다는 뜻이니 죽음의 그림자가 엄습한다. 甲과 寅이 午를 보면 사死한다. 그러나 丑을 본다면 비할 데 없이 행복할 것이다. 이때 응당 丑과 未는 甲戊庚 삼기三奇의 귀貴가 모이는 곳이다. 이양역우以羊易牛의 깊은 뜻은 여기에 살아있다. 未는 丑만 못하다.

▸ fengshui cow

무릇 부자가 되는 꿈을 지닌 자라면 암소의 기물을 주목해볼 일이다. 암소는 소원을 들어주고 현실로 이루게 하는 파워를 지닌 상징물로 각광받아왔다. 풍수 기물로서의 암소상은 무릎을 꿇고 앉은 자세일 때 효용이 있다. 양도 마찬가지다.

게 論蟹, swarovski crab

Feng Shui Tip ▸

1. 게 소품은 공간의 동북방에 둔다.
2. 게상은 활동력과 용기를 고양시킨다.
3. 양띠나 용띠, 개띠는 게상을 두지 않는 게 원칙이다.
4. 게상을 배치할 때는 쥐의 기물을 같이 두면 좋다.
5. 게상에 토끼상이나 잔나비상이 함께 하면 불운을 부른다.

게로 뜻밖에 갑각류다. 해갑蟹甲, 게의 껍데기는 딱딱해서 본주

本主가 己와 丑에 해당되면 외견은 차갑게 보이지만 그 속살은 물러 대개 심성이 여리고 착하다. 해蟹는 解와 蟲의 조합자로 분해가 잘 된다. 집게발은 물론 등껍질도 쉽게 해체할 수 있다. 선蟬, 매미를 巳의 금충禽蟲으로 배당한 설이 있다. 껍질을 벗는다는 뜻에서 유유상종類類相從이어선지 丑과 巳는 팔자 지지의 이상적인 조합이다. 己가 巳를 보면 왕지旺地에 머문다. 보기 드물게 열 개의 다리를 가졌는데 뾰족한 다리 끝을 이용해서 몸의 균형을 잡고 쏜살같이 이동한다. You cannot make a crab walk straight. 게를 똑바로 기어가게 할 수는 없다. 게는 가만있으면 불안하고, 움직여야만 편해진다. 게는 丑이 묘지墓地다. 갯벌에서 게는 부지런히 다녀야 묻히지 않고 입고入庫를 면한다. 그래서인지 게날己日에 태어난 사람은 성장기에 가출 등을 경험하기도 한다.

게를 무장공자無腸公子라고도 한다. 창자가 없는 귀공자라는 뜻이다. 물정에 어둡고 실속이 없다는 얘기다. 그러나 자존심과 절도가 있다. 남의 굴에는 들어가지 않는다. 죽더라도 큰 집게발로 한 놈이라도 물고 죽는 기개가 있다. 게 그림의 화제畵題에는 횡행사해橫行四海라 쓴 것도 많은데 천하를 마음껏 주름잡으란 뜻이다. 당唐나라 때 시인 두목杜牧은 게를 두고 '해용왕처야횡행海龍王處也橫行'으로 묘사했다. 바다 용왕 앞에서도 삐딱하게 옆으로 걷는 강골이라는 말씀이다. 己는 寅에서 사死한다. 뜨거운 냄비에 떨어진 방게는 몹시 허둥지둥하기 마련인데 이를 일러 낙탕방해落湯螃蟹라 표현하는데 당황함을 형용形容하는 말이다.

己는 子에서 절지絶地에 놓이므로 子는 귀인貴人이지만 제 구실을 못할 때가 많다. 己丑은 게젓, 해해蟹醢와 같고 子를 더하면 게젓을 담근 간장, 해서蟹胥의 물상이다. 子卯刑은 己에서 볼 때 병病들어 절멸絶滅하는 상이라 몹시 불리하다. 丑이 子를 보면 戌未가 없어야 한다. 팔자에 丑과 未가 있고 子를 보면 이는 입고물入庫物이 충출沖出된 형국이라 子의 육신六神과 필경 분리되는 아픔이 있다. 己에 子는 재財가 되니 쥐가 다치면 해망구실蟹網具失과 같아 게도 망태기도 다 잃게 된다. 申도 己의 귀인이다. 그런데 욕패浴敗다. 원숭이는 게를 몸보신삼아 잘 먹는다. 그래서 己의 귀인은 형충刑沖을 특히 꺼린다. 일본의 5대 민담의 하나인 '사루가니갓센설화猿蟹合戰說話'에는 게가 원숭이에게 일방적으로 속아 넘어가는 내용이 전해진다. 게는 어린물고기를 잡아먹는다. 축진파丑辰破하면 상대적으로 辰이 해를 입는다는 얘기다.

시력이 감퇴하면 게를 먹는 것이 좋다. 木, 안眼은 丑이 진귀珍貴로 타우린은 망막 형성에 중요한 성분이다. 게는 성질이 차고 어혈을 푸는 효능이 있다. 술의 해독에는 즉효를 보인다. 丑은 水를 끌어들이고 품기 때문이다. 최근에는 혈중 콜레스테롤 감소 와 유해한 저밀도 지질 단백의 감소를 통한 심혈관 질환 및 동맥경화의 예방에 대한 효과는 물론 껍질에 함유된 키토산과 타우린 성분의 인체 면역성 강화 효과에 대한 연구결과가 발표되는 등 다양한 의학적 효능이 입증되고 있다. 그런데 팔자에 丑을 보면 질병으로 고생하기 쉽다. 역설이다. 대개 戌亥와 戌子는 위병胃病을 암시한다. 여기에 丑을 더해 형刑의 물상을 지으면 대개 수술을 피하기 어렵다. 영어에서 암을 뜻하는 cancer는 히포크라테스가 암과 같은 악성종양을 카르키노스karkinos라고 기록한 것에서 유래한다. 카르키노스는 게를 뜻하는 말이다. 암 종양의 색깔변화나 암 덩어리가 퍼져나가는 모습이 게를 닮았다고 한데서 붙여졌다.

▸ fengshui crab

축(丑)에 속하는 소나 게, 자라 등의 소품은 시선을 땅이나 정면으로 두고 다리를 지면으로 향한 모습을 연출해야 풍수 소품에 부합된다. 부동산으로 축재를 꿈꾼다면 축토(丑土)에 별려진 동물상에 주목할 필요가 있다.

자라 論鱉, Swarovski Eternity Color Turtle

Feng Shui Tip ▶

1. 거북이 소품은 공간의 동북방에 둔다.
2. 거북상은 왕성한 활동력과 장수, 풍요를 상징한다.

3. 양띠나 용띠, 개띠는 거북상을 두지 않는 게 원칙이다.

4. 쥐띠와 소띠에게 거북상은 특히 길하다.

5. 거북상에 잔나비상이 함께 하면 병액이 침범한다.

별주부전鼈主簿傳은 원래 자라와 원숭이의 이야기였다. 본생경本生經을 비롯해서 여러 이본異本을 확인할 수 있다. 여러 장르에 걸친 문학작품의 전부, 또는 한 부분의 모티프가 된 설화를 중요시하고 이 근원설화를 찾아내고자 하는 시도는 1930년대 이후 국문학자들의 연구대상 가운데 하나였다. 자라는 게와 마찬가지로 원숭이에게 당한다. 己는 申에서 욕패浴敗하기 때문이다.

경주 이씨李氏들은 자라를 먹지 않는다. 연산군 때의 갑자사화甲子士禍로 죽은 이원李黿의 모친은 사육신 박팽년朴彭年의 딸이었다. 그의 부친 이공린李公麟이 혼례날 밤 꿈에 늙은 첨지 여덟 명이 절하면서 "우리들이 장차 솥에 삶겨서 죽게 되었는데, 만약 죽을 생명을 살려 주시면 후하게 은혜를 갚겠다"라고 말했다. 놀라 깨어 보니 자라 여덟 마리를 막 국에 넣으려고 하므로 즉시 강물에 놓아 보내라고 호통을 쳤다.

그런데 이때 한 마리가 달아나자 어린 종이 삽으로 잡으려다가 잘못해 자라목을 끊어 죽이고 말았다. 그날 밤에 첨지 일곱 명이 감사하다고 인사하는 꿈을 꾸었다. 이공린은 여덟 명의 아들을 낳았는데 이름을 모두 자라나 물고기 등과 관련이 있는 오鰲, 귀龜, 별鼈, 경鯨, 원黿 등으로 지었다. 사화로 희생된 이원이 어린 종에게 죽은 자라라고 해석되면서 꿈의 징험은 더욱 뚜렷해진 셈이 되었는데, 이긍익李肯翊은 연려실기술燃藜室記述에서 "지금도 이씨(경주)들은 자라를 먹지 않는다"고 적고 있다.

己는 寅에서 사死하는데 팔자에 己日이 寅申沖을 보면 욕사浴死의 충沖이 되어 흉凶할 것이다. 己의 귀인貴人은 申子인데 子도 좋지 않다. 이곳에서 절지絶地에 놓이기 때문이다. 까닭에 己가 귀인을 맞이할 때는 申子가 필시 합생合生해야만 묘妙한 것이다.

자라는 예로부터 허약체질을 보하고 정력을 증진시키며, 병중病中이나 병후病後 허약자의 원기회복을 위한 약재로 상용되어 왔다. 앞에서 丑은 혈액순환이나 주독酒毒을 푸는 데 탁월하다고 했다. 자라는 인도印度에서는 불로장수不老長壽의 심벌이며, 중국中國에서는 영원불사永遠不死를 뜻하는 동물로 치고 있다.

중국에서는 이미 수천 년 전부터 신神의 음식飮食으로 군림하고 있는 것으로 알려지고 있다. 스태미나 증강에 가장 훌륭한 것으로 유명하다. 자라는 교미交尾시간이 길고 한번 물고 늘어지면 떨어질 줄 모르는 강인한 힘으로 인해 관능적으로 정력精力의 상징이 되었다. 강정强精, 강장제强壯劑로서의 자라의 효능은 상당한 근거를 가지고 있다. 세계적인 기록을 보존하고 있는 중국의 체육선수(마군단馬軍團)들은 고비용의 자라탕을 식사대용으로 먹었다고 한다. 己는 午가 제왕帝旺의 자리다.

팔자에 丑과 巳가 있으면 길조吉兆라 했다. 자라와 뱀은 같은 어항 속에 담아도 싸우지 않는다. 巳에는 드렁허리 라는 물고기가 있다. 이 드렁허리는 공기호흡을 잘 해 물이 마르면 진흙으로 파고 들어가 산다. 巳는 丑을 보아 합생合生하는 것이다. 현대에는 영계를 고아 낸 국물에 토막 낸 잉어를 넣어 먹는 보양식인 용봉탕龍鳳湯에 잉어대신 자라를 넣는 게 일반화되어 있는데 辰酉合보다는 酉丑合이 낫다. 辰酉合은 사묘死墓의 조합으로 합후질기合後疾忌하지만, 酉丑은 양생養生의 효능이 있다. 자라가 닭고기를 먹으으면 생기生氣를 찾는다.

▸ fengshui tortoise

용머리거북은 사신(四神)에 속하는 청룡(青龍)과 현무(玄武)의 결합으로 조화와 번영, 평화를 상징하는 기물이다. 거북등위에는 보통 주괴(鑄塊)가 놓여있다. 이것은 일종의 풍수 무게 교정인데 어떤 공간에 필요한 무게와 부피감을 더해 안정감을 준다. 축토(丑土)에 속하는 이 기물을 침대 아래에 두면 대인 관계를 강화시켜 성공적인 사회활동을 촉진한다.

寅

여우(狐狸), 표범(豹), 호랑이(虎)

여우　論狐, Swarovski Crystal Lovlots Fox

표범　論豹, Swarovski Leopard Brooch

호랑이 論虎, Swarovski Tiger

여우 論狐, Swarovski Crystal Lovlots Fox

Feng Shui Tip ▸

1. 여우 소품은 보통 단독으로 배치하는 게 원칙으로 공간의 동북방에 둔다.

2. 여우상은 뱀이나 원숭이상과 함께 두지 않는다.
3. 개띠에게 여우상은 축술미(丑戌未)의 삼형을 해소하는 길한 작용을 한다.
4. 여우상은 지성과 유혹을 상징하는 기물로 각광받는다.
5. 닭띠에게 여우상은 불리하다.

'명리36금수'에 寅에는 삵과 표범, 범이 별러졌다. 이때 삵과 동류로 여우를 들 수 있다. 도량이 좁고 간사한 사람을 비유적으로 일러 호리狐狸라고 한다. 호가호위狐假虎威나 차호위호借虎威狐가 같은 의미다.

삵은 단독 또는 한 쌍씩 생활하며, 식육목食肉目의 동물 가운데 육식에 가장 잘 적응한 동물로 평가받는다. 이것은 인수寅獸가 공통적으로 갖는 독립성을 대변한다. 호불이웅狐不二雄, 여우는 수놈 두 마리가 함께 살지 않는다. 두 영웅이 병립할 수 없는 법이다.

삵은 산토끼를 주로 잡아먹는다. 寅은 卯에서 제왕帝旺하는 까닭이다. 호사토읍狐死兎泣이란 말이 있다. 여우가 죽으면 토끼가 슬퍼서 운다는 얘기다. 동류의식이 있다는 말이다. 삵이 꿩의 새끼를 먹거나 산간벽지의 양계장을 습격할 때면 형편이 좋지 않을 때다. 寅과 酉는 서로가 불편한 관계이므로 원진怨嗔이 된다.

寅이 子를 보면 욕패浴敗에 든다. 삵이 쥐를 잡아먹으면 예상치 못한 화禍를 당한다. 삵은 1950년대까지는 한국의 산간계곡에서 흔히 볼 수 있었으나 6·25전쟁 이후 쥐약과 기타 살충제 등을 먹고 죽은 동물을 먹어 거의 볼 수 없게 되었다. 개에게 추격당하면 곧 나무 위로 올라간다. 원래 寅과 戌은 다툴 의사가 없는 것이다.

호사수구狐死首丘라는 말이 있다. 여우는 죽을 때가 되면 제가 살던 굴 있는 언덕으로 머리를 돌린다는 뜻으로 예기禮記에서는 그 취지가 인仁으로 설명되었다. 양도 무릎을 꿇어 수유하므로 공손한 동물로 비유했다.

그래서 고귀한 사람들은 무수한 짐승 중에서 여우와 양의 털로 지은 옷을 입는다고 했다. 바로 이 백구白裘(흰털의 가죽 옷)가 寅未 귀문鬼門의 물상이다. 寅이 未를 보면 입묘入墓되고, 未가 寅을 보면 사지死地에 든다.

여우날寅日에 태어난 사람의 성정은 대개 "독보한다. 독립심이 강하다. 그리고 예민하다– separate, independent, edgy"로 요약된다. 이날이 생일인 여성은 보통 독립심을 유지한다. 남자 외에 다른 일에도 열정적이다. 남자들은 대개 곰보다 여우같은 여자를 쫓기 마련이다.

'고슴도치'의 천적은 이솝우화의 단골 주인공 '여우'라고 한다. 여우는 온갖 꾀를 내어 고슴도치를 공격해 보지만 그저 몸을 공처럼 둥글게 말아 온 몸에 돋아 있는 가시로 자신을 보호하고 앞으로 돌진하는 고슴도치의 지극히 단순한 방어술에 번번이 당하고 만다.

여우와 고슴도치의 이야기는 라트비아 태생의 저명한 정치 철학자 겸 역사학자로 옥스퍼드대 교수를 지낸 이사야 벌린(Isaiha

Berlin)의 저서로 유명하다. 이사야 벌린은 그리스 시인 아르킬로쿠스(Archilochus)의 시 중 한 구절인 "여우는 많은 것을 알고 있지만 고슴도치는 한 가지 큰 것을 알고 있다 - 'The fox knows many things, but the hedgehog knows one big thing.'"를 인용해 철학자와 역사학자를 사물의 세세한 부분까지 골고루 알고 있는 여우 형과 사물을 단순화해 전체로의 큰 틀로 이해하는 고슴도치 형으로 나눴다.

한 마디로 모든 것에 대해 상당 부분 아는 여우나 특정한 것에 대해 모든 것을 아는 고슴도치 둘 다 리더가 갖추어야 할 자질이라 할 수 있는데 '명리36금수'적 관점에서 보면 고슴도치와 여우는 반드시 이분법적 양자택일의 대상으로만 보지 않는다. 갑목甲木은 여우가 되기도, 고슴도치이기도 한 까닭이다.

오늘날 과학과 기술의 진보는 정말 눈부시고 그 변화의 속도는 감지해 내기조차 어려운 세상이다. 이종 기술 간의 융합에 의해 탄생된 새로운 제품, 용도, 서비스도 그에 못지않게 끊임없이 만들어지고 있다. 인문학과 자연 과학 간에도 통섭統攝(Consilience)이라는 대 결합이 시도되고 있다. 자기 영역만 충실하게 파고드는 것만으로는 충분치 않아진 것이다. 까닭에 현대의 CEO에게는 고슴도치와 같은 집중도와 통찰력, 거기에 다양한 장르와 산업에 대한 여우와 같은 폭넓은 분별력을 갖출 것을 요구하고 있다.

▸ fengshui fox

여우 소품은 뱀띠나 잔나비띠에게 불리하다. 삼형(三刑)의 작용으로 지성과 유혹이 구설과 송사로 나타나기 쉽다.

표범 論豹, Swarovski Leopard Brooch

Feng Shui Tip ▸

1. 호피 문양은 개띠나 말띠에게 복록과 행운의 상징이다.
2. 표범상은 지성과 애정운을 고양시킨다.
3. 표범상은 공간의 동북방에 단독으로 배치하는 게 원칙이다.
4. 표범상은 불운을 막는 보호신의 역할을 한다.
5. 잔나비띠와 뱀띠는 표범상과 궁합이 맞지 않다.

표범은 강인한 사냥꾼이다. 또한 굴종屈從하는 법이 없다. 춥고

척박한 환경에서도 살 수 있다는 얘기다. 특히 아무르표범은 매화꽃 모양의 무늬가 아름답다. 역사적으로 아무르표범의 서식지는 한반도였다. 러시아 학자들은 아직도 아무르표범을 조선표범이라고 부른다.

보통 단독생활을 하며 낮에는 숲 속이나 나무 그늘에서 쉬고 밤이 되면 일정한 행동권을 돌아다니며 사냥을 한다. 몸은 유연하고 민첩하다. 보통 단독이나 때로는 쌍으로 또는 여러 마리가 함께 사냥한다. 몰래 다가가는 것보다 잽싸게 덮쳐서 사냥감을 쓰러뜨린다. 힘이 세고 영양, 사슴, 노루, 소, 산양 등을 잡아먹는다. 丁己午未가 모두 寅에서 사死하는 까닭이다.

멧돼지도 표범의 먹이다. 亥는 寅을 생生하지만 寅은 亥를 병病들게 한다. 이것이 인해파寅亥破의 이치다. 원숭이도 곧잘 습격한다. 원숭이와는 인신충寅申沖으로 표범이 원숭이를 습격할 때면 둘 다 최악의 상황이라 할 수 있다. 그 밖에 새나 파충류 등도 잡아먹는다. 이때는 형편이 좋지 않을 때다. 寅酉 원진怨嗔의 관계는 각기 태궁胎宮으로 절지絶地에 근접한 상황이다.

호표기수견양기虎豹豈受犬羊欺라는 말이 있다. 범과 표범이 어찌 개나 양에게 속임을 당하겠느냐는 뜻으로 군자는 소인의 업신여김을 받지 않는다는 얘기다. 寅戌은 합생合生하고, 未는 寅에서 사死하는 까닭이다. 그런데 세상살이가 꼭 그렇지만은 않다. 개와 양이 힘을 모으면 표범도 별 수가 없다. 양을 지키는 게 개다. 未는 戌에서 양육養育된다.

소인들도 모이면 군자나 군주를 쓰러뜨리고 매장시킬 수 있는 법이다. 그러므로 寅未 귀문鬼門에 개가 옆에서 짖으면 표범은 몹시 곤란한 지경에 처할 것이다. The leopard does not change his spots. 천성은 바뀌지 않는다는 말이다. 성경에도 이 같은 내용이 있다. '이사야'에는 다음과 같은 글이 있다. The wolf will live with the lamb, the leopard will lie down with the goat - Isaiah 11:6.

未는 戌이 양養한다. 寅은 未에서 묘墓에 든다. 未時에 표범은 나무 그늘아래서 쉬기 마련이다. 표범은 포유류 중에서 걸음이 가장 빨라서 시속 112킬로미터 가량 되지만 450미터 이상은 달리지 못한다. 그래서 寅은 운동선수와 차마車馬의 물상과 관련이 깊다.

허물을 고쳐 말과 행동이 전과 뚜렷하게 달라지면 표변豹變이라고 표현한다. 사람은 죽어 이름을 남기고 표범은 죽어 가죽을 남긴다는 말이 표사유피豹死留皮다. 그래서 독서를 잘 하지 않으면 반표半豹라고 한다.

관중규표管中窺豹라는 말이 있다. 대롱 구멍으로 표범을 보면 표범의 얼룩점 하나밖에 보이지 않는다는 뜻으로 견문과 학식이 좁음을 이르는 말이다. 규표일반窺豹一斑도 같은 말이다. 문하門下가 이 말을 들으면 참으로 수치다. 豹死留皮人死留名. 만약 이 글을 읽지 못한다면 언제나 "범은 죽어서 가죽을 남기고 사람은 죽어서 이름을 남긴다"를 속담을 인용해 말할 것이다.

▸ fengshui Leopard

표범상은 모든 종류의 악운을 물리치는 방패의 수호신으로 각광받아왔다. 개띠에게 표범상은 불운을 피하는 행운의 전조가 된다.

호랑이 論虎, Swarovski Tiger

Feng Shui Tip ▸

1. 호랑이상은 개띠나 말띠에게 힘과 권위의 상징으로 통한다.
2. 호랑이상은 공간의 동북방에 단독으로 배치하는 게 원칙이다.
3. 호랑이상은 양의 기물과 함께 두지 않는다.
4. 호랑이상을 개와 말상과 함께 정남방에 두면 불운과 재난

을 막는 효용이 있다.

5. 잔나비띠와 뱀띠는 호랑이 기물과 궁합이 맞지 않다.

명실상부 호랑이는 백수의 왕이었다. 예로부터 호랑이는 신비한 동물로 여겨졌다. 북두칠성의 첫 번째 별인 추성樞星이 흩어져 호랑이가 됐다고 해서 전신이 하늘의 별님이었다는 설도 있다. "구름은 용은 따르고, 바람은 호랑이를 따른다'는 말이 고서에 나오는 것도 신묘한 일면을 나타내는 말이다.

범의 새끼는 생후 3일이 되면 소를 먹을 수 있는데 만약 소를 멎으려 하지 않고 먹을 수 없는 새끼는 부모에게 죽임을 당한다고 한다. 호랑이는 양陽의 기운을 가진 동물이다. 예로부터 칠七이라는 숫자는 양기의 수로 여겨졌는데 호랑이는 태내에서 7개월 동안 있다가 태어나고 머리에서 꼬리까지 몸길이가 7척尺이라고 전해진다. 이것은 음지의 귀鬼를 쫒는 특효를 암시한다.

은의 주왕紂王은 호랑이 머리를 베개로 베고 달기妲己와 동침을 즐겼다는 시답잖은 이야기가 전해진다. 일본에서는 지옥의 옥졸인 우두마두牛頭馬頭가 호랑이 가죽으로 된 훈도기를 차고 귀신을 괴롭힌다고 한다. 이상은 모두 다 귀신을 잠재우는 범의 효용과 연관된 얘기다.

임진왜란 때 가토 기요마사加藤淸正는 사랑하는 시동侍童과 애마愛馬가 한꺼번에 호랑이에게 죽임을 당하자 복수를 위해 호랑이를 사냥했다는 이야기가 전해진다. 하지만 실제 기록에 따르면 그림책에 있는 것처럼 창을 휘둘러서 세운 공명이 아니라 멀리서

총을 쏜 것에 불과하다. 이것은 인신충寅申沖의 총포 물상이다.

寅은 申에서 절명한다. 범에게는 아무래도 양이 불편한 동물이다. 未는 목고木庫인 까닭이다. 거죽은 훌륭하나 실속이 없을 때 양질호피羊質虎皮라는 말을 쓴다. 용호상박龍虎相搏, 두 강자가 승패를 다투어도 양자 간에 낭패를 보는 법이 없다. 寅은 辰에서 관대冠帶하고 辰은 寅에서 장생長生한다.

寅戌이 합작合作하면 그 기세가 낭탐호시狼貪虎視가 되어 위맹威猛이 드러난다. 寅은 巳에서 병病이 드니 寅이 巳를 보면 호두사미虎頭蛇尾가 된다. 그러나 巳는 장생長生을 얻는다. 寅에서 甲丙木火가 록생祿生하는 까닭이다. 이것이 곧 인생정신寅生精神으로 팔자에 寅이 있고 그것을 金을 자극하면 공업성工業星인 동시에 정신계를 지향한다.

甲은 子에서 패궁敗宮에 든다. 호랑이가 쥐로 변한 호변서虎變鼠의 형국이 되니 임금도 권세를 잃으면 신하에게 업신여김을 당하게 되는 것이다. 원숭이가 호랑이를 만나면 불면호구不免虎口의 위험에 직면한다.

寅의 맹수猛獸들은 좀체 먹이다툼에 모습을 드러내지 않는다. 반면 辛의 수릿과, 맹금猛禽은 다르다. 예컨대 사자는 지저분한 누의 시체 따위에 관심이 없다. 그러나 초원의 독수리는 하늘과 땅을 덮는다. 맹금이 맹수를 따라다니면 굶지 않고 수월하게 먹이를 구한다.

辛의 귀인貴人은 호마虎馬다. 말은 범의 상대가 될 수 없으나 말을 탄 장수의 사냥에 범은 죽음을 맞이한다. 寅은 午에서 사死하고, 午는 寅에서 사死한다. 개구리 중사 '케로로'의 이야기에는 생명의 트라우마에 기생하는 우주생물의 이름으로 타이거호스(tiger-horse)를 등장 시켰다.

'링'에서 저주의 유전자로 나오는 사다코를 패러디한 생물체가 바로 이것인데, 호마虎馬를 일본어로는 '토라'와 '우마'로 발음한다. trauma를 토라우마로 변형시키다니 대단한 말장난이다. 분목焚木되면 정신 이상이 온다는 것을 알아서였을까? 그래서 팔자에 寅과 午는 거리를 두고 있어야 길조가 두터워진다.

辛의 진귀珍貴는 寅이 된다. 여기에 두터운 합생合生의 뜻이 나타나기 때문이다. 속설에 귀인貴人의 활용법은 생년生年과 생일生日로 가려 길방吉方, 길시吉時로 활용됐다. 가령 辛年生은 寅午方을 길하게 여겼고, 辛日生은 寅午時를 길하게 보았다. 근자에는 일진日辰의 간干에 대비하여 귀인貴人의 글자에 해당하는 시간을 길시吉時로 보기도 한다. 그런데 귀인을 보는 법이 이렇게 간단치만은 않다. 일정한 법칙이 있는데 삼명三命의 천을天乙을 읽어 보라.

▸ fengshui Tiger

호랑이는 양물陽物이다. 팔자에 축술미丑戌未 삼형三刑이 있으면 寅戌의 합작을 도모하는 호랑이상으로 형액을 피해갈 수 있다.

卯

고슴도치(蝟), 토끼(兎), 오소리(貒)

고슴도치 論蝟, Swarovsky Hedgehog Family

토끼　論兎, Swarovsky Rabbit, Chinese Zodiac

토끼　論兎, Swarovsky Rabbit, Chinese Zodiac

고슴도치 論蝟, Swarovsky Hedgehog Family

Feng Shui Tip ▸

1. 고슴도치 기물은 커플을 쓰지 않고 새끼와 함께 공간의 정동방에 두는 게 원칙이다.
2. 양띠와 돼지띠에게 고슴도치상은 행운의 기물로 응용할 수 있다.
3. 현침의 상은 고독을 뜻하여 대개 행운의 기물로 쓰지 않는 법이다.
4. 고슴도치와 뱀의 소품을 함께 두면 허영으로 망하는 전조가 된다.
5. 뱀띠와 닭띠가 고슴도치 기물을 두면 축재의 조짐이 나타

난다.

겨울이 닥치자 추위에 떨던 고슴도치 두 마리가 고민을 시작한다. 서로 가까이 가면 체온을 나눌 수 있지 않을까. 하지만 가까이 다가간 고슴도치들은 상대방 가시에 찔려 상처를 입을 뿐이다. 다시 떨어지자 또 추위에 온몸이 얼어붙는다. 그 유명한 쇼펜하우어(Schopenhauer)의 '고슴도치 딜레마' 이야기다. 卯는 현침懸針의 글자로 쌍침雙針의 모양이라 고슴도치가 가장 닮았다. 卯는 子에서 병病이 든다. 고슴도치는 子月에 갈등 속으로 빠지는 것이다.

팔자에 현침이 있으면 성정이 예민하고, 종종 수술이나 상해傷害 등을 당하기 쉽다. 자형字形이 그러하고 포태胞胎가 그렇다. 그래서 의약醫藥, 활인성活人星이기도 하다. 외부의 환경에 민감한 고슴도치는 적을 만나면 두려워 몸을 움츠리는데 이를 일러 위축蝟縮이라 말한다.

고슴도치의 천적은 수릿과다. 卯와 酉는 서로 절지絶地가 되어 찌르고 찔린다. 올빼미가 고슴도치를 잡아채지만, 오소리도 닭을 문다. 이것이 卯酉沖이 금수禽獸 물상이다. 고슴도치는 작은 뱀이나 지렁이를 잡아먹는다. 장마철엔 지렁이 찾아 배드민턴장으로 내려오기도 한다. 巳가 卯에서 욕패浴敗에 드는 현상이다. 뱀도 토끼를 삼킨다. 그러니 卯도 巳에서 욕패浴敗에 든다. 고슴도치가 뱀 그물에 갇히는 경우도 종종 있다. 뱀을 먹으러 왔다가 자기가 갇힌 격이다. 사정이 이러하니 卯巳衝이라 했을 정도다. 乙이 巳를 보거나 丙戌가 卯를 봐도 마찬가지다.

"고슴도치도 제 새끼는 함함하다고 한다."는 속담이 있다. 누구나 제 새끼는 귀여워한다는 뜻이다. 그런데 이 속담을 뒤집어 보면 어미 고슴도치의 눈에는 새끼가 예뻐 보일지 모르나 다른 이의 눈에는 지극히 못생겼다는 말이 된다. 한 마디로 고슴도치는 기묘하게 생겼다. 포유류의 상식을 벗어난 모습이기 때문이다.

우리나라가 속한 온대혼합림 지역에는 유별나게 생긴 동물이 거의 없다. 우리나라 육상포유류 중 고슴도치는 단연 이단아의 모습이다. 건드리면 몸을 둥글게 말고 가시를 곧추세워 난공불락의 요새로 변한다. 다 자란 고슴도치를 잡아먹을 수 있는 육식동물은 거의 없다. 그것이 호랑이라 해도 말이다. 몸을 둥글게 말고 있는 고슴도치를 발로 걷어차도 고슴도치는 큰 충격을 받지 않는다. 각각의 가시는 뿌리 부분이 가늘어 유연하게 구부러지므로 충격을 완화시키기 때문이다. 바로 이것이 卯이자 甲의 형상이다.

비가 잠시 그치면 고슴도치는 숲 밖으로 나올 때가 있다. 지렁이가 호흡하러 여기저기 나와 있기 때문이다. 때로는 폭우에 휩쓸렸다 길을 잃어 그런 경우도 있다. 甲은 亥에서 생生하고 子에서 패敗한다. 물은 고슴도치를 살리기도 하고, 낭패를 당하게도 한다. 굶주림에도 강해서 물만 있으면 십 수 일을 먹지 않고 버틸 수 있다.

늦가을부터 동면을 시작하는데, 고슴도치가 동면하는 근본 이유는 추위 자체가 아니라 먹이 부족 때문이다. 이것은 卯의 성질이다. 戌亥子가 卯의 묘사병墓死病이 되는 까닭이다. 등산로가 아닌 숲속에서 고슴도치를 보기란 매우 어렵다.

그러나 개를 풀어놓고 숲속을 걸을 경우 개가 고슴도치를 발견하고 어쩔 줄 모르는 경우가 있다. 후각으로 세상을 판단하는 개는 고슴도치의 존재를 잘 알아챈다. 卯戌合의 물상이다. 卯戌合이나 辰酉合은 결국 끝이 좋지 않다. 서로가 다 부정적인 기운을 받기 때문이다. 乙辛은 戌辰이 묘지墓地가 된다. 丙戊도 卯酉에서 욕사浴死에 든다. 다시 말해 卯戌은 묘패墓敗, 辰酉는 사장死葬의 합合이 되는 것이다.

▸ fengshui Hedgehog

고대 그리스 시인 아르킬로쿠스는 "여우는 자질구레한 것들을 많이 알지만, 고슴도치는 한 가지 큰 것을 본다"고 했다. 고슴도치는 모든 과제와 딜

레마들을 지나치다 싶을 정도로 단순한 개념으로 축소시킨다. 양띠에게 고슴도치는 저축의 물상이다. 말띠에게 고슴도치는 새로운 물건과 상품을 만들어내는·건전한 뜻을 나타낸다. 이것은 오묘파출午卯破出의 논리인데 여기에는 갑기합생甲己合生의 이치가 담겼기 때문이다. 즉 파괴해서 새로운 상품을 만들어낸다는 뜻이다.

▸ fortune Cookie

당나귀(午)를 탄 고슴도치(卯)와 엽전을 문 두꺼비의 모양이 그려진 포춘쿠키는 의미로 심오한 뜻이 담긴 행운 과자다.

토끼 論兎, Swarovsky Rabbit, Chinese Zodiac

Feng Shui Tip ▸

1. 토끼 상을 돼지 기물과 함께 정동방에 두면 장수를 상징한다.

2. 양띠나 말띠가 토끼상을 두면 반짝 성공을 기대할 수 있다.
3. 새끼를 품은 토끼상은 다산과 임신을 기원하는 기물이다.
4. 뱀띠와 닭띠가 토끼 기물을 두면 축재의 조짐이 나타난다.

토끼는 우리 민족에게 매우 친근한 동물이다. 호랑이 다음으로 우리 설화나 민담 속에 많이 나타난다. 토끼는 주로 지략이 뛰어난 동물로 묘사되어 있다. 토영삼굴兎營三窟이라, 숨을 수 있는 굴을 세 개는 마련해 놓는다는 뜻이다. 세시풍속에 음력 첫 번째 卯日을 토끼날이라고 하여 상묘일上卯日이라고도 부른다. 이날은 무병장수를 비는 날로 이날 새로 뽑은 실을 톳실兎絲, 또는 명실이라고 하여 이 실을 차고 다니거나 옷을 해 입으면 수명이 길어지고 재앙을 물리친다고 믿었다. 그런 연유로 부녀자들은 이날만큼은 반드시 베틀에 앉아 조금씩이라도 베를 짰다. 또 이날 대문이나 사립문을 여자가 먼저 열면 안 되고 반드시 남자가 열어야 한다고 믿었다. 또 토끼날 머슴이나 하녀를 두게 되면 경망하고 방정맞은 사람을 둔다고 했다.

卯는 음란淫亂을 상징하는 글자이기도 했던 까닭이다. 번식이 용이하기로는 토끼와 닭, 쥐 등이 속한다. 유독 子卯刑에 곤랑도화滾浪桃花가 적용되는 이유가 성교性交의 물상으로 직결되기 때문이다. 卯는 子에서 병病이 들므로 성병性病의 추리로 이어지기도 한다. 그래서인지 토끼 꿈은 상서로운 동물로 여겨져 길몽을 나타내지만, 임신妊娠 중에는 먹기를 매우 꺼린다. 토끼고기를 먹으면 토끼눈처럼 빨갛게 되거나 언청이가 된다는 등 부정적인 속설로 전해진다.

토사구팽兎死狗烹은 卯戌의 합후질기合後疾忌 상황을 그대로 대변한다. 卯가 戌을 보면 곧 무덤이 되고, 戌도 卯를 합슴한 다음에는 욕패浴敗하기 마련이다. 또 견토지쟁犬兎之爭이란 말이 있는데 개와 토끼의 다투면 양자의 싸움에서 제3자가 이익을 본다는 것이니 의미가 통한다. 축록자불고토逐鹿者不顧兎, 사슴을 쫓는 자는 토끼를 돌아보지 않으니 사슴이 토끼의 생명을 구한 셈이 됐다. 달아나는 노루 보다가 잡은 토끼 놓친다는 속담의 한역인 견분장방획토見奔獐放獲兎도 같은 말이다. 午에서 卯는 장생長生한다. 하지만 午는 卯에서 병病을 얻는다. 토끼가 사슴보다 우월했다면 나타나지 않을 일이다. 따라서 午卯破하면 손실은 대개 午가 입는다. 하지만 꼭 그렇지만은 않다. 파破의 작용력은 쌍방에 미치기 마련이다. 주장낙토走獐落兎, 노루를 쫓는 데 가끔은 생각지도 않은 토끼가 걸리는 수도 있다. 앞에서 여우의 죽음에 토끼가 운다고 했다. 甲은 乙의 버팀목이 되고, 卯도 寅을 기뻐하는 까닭이다. 여우도 토끼가 죽어서 울었다는 토사호비兎死狐悲의 이야기도 전해진다.

예로부터 토끼는 달과 인연이 깊었다. 토兎를 월月로 훈독訓讀하기도 한다. 그래서 달을 다른 말로 토월兎月, 토백兎魄이라고 부르며 달그림자를 토영兎影으로 표현한다. 토끼가 달로 표현되듯이 해로 표현되는 동물이 까마귀다. 까마귀 중에서도 세발달린 까마귀 즉 삼족오三足烏다. 토오兎烏라는 말은 곧 달과 해를 나타내는 말이다. 금오옥토金烏玉兎도 마찬가지다. 금오는 해, 옥토는 달을 가리킨다. 오토총총烏兎悤悤은 세월이 빠르다는 말이다. 卯申은 음양陰陽의 교접으로 생명을 잉태孕胎한다. 여기에는 부정이 섞이면 안 된다. 대저 태胎의 조합에 형刑이 들면 이변異變이 속출한다. 丙癸의 子巳와 乙庚의 卯申이 그러한데 여기에 子卯刑이나 寅巳, 巳申刑이 들면 그렇다는 얘기다. 더구나 卯申은 귀문鬼門인데 형刑이 들면 변태變態를 보게 될 것이다. 토끼의 덫에는 꿩이 걸리기도 한다. 토라치리兎羅稚罹, 그 뜻이 소인으로 인해 군자가 다친다는 말이지만 어쨌거나 卯酉沖의 상황을 반영하는 말이다.

▸ fengshui Rabbit

뱀띠나 닭띠, 소띠에게 토끼상은 꾸준히 재물을 모으는 행운의 기물로 적용된다. 토끼는 음물陰物로 아이를 낳는 것과 관련된 다양한 구전이 있다.

오소리 論貒, Swarovsky Badger Handbags

Feng Shui Tip ▶

1. 오소리상을 돼지 기물과 함께 정동방에 두면 장수를 상징 한다.

2. 사유축 금명이 오소리 소품을 이용하면 반짝 성공을 기대할 수 있다.
3. 오소리상을 양과 개의 기물과 함께 두면 파산을 면키 어렵다.
4. 뱀띠와 닭띠가 오소리 기물을 두면 축재의 조짐이 나타난다.

오소리는 식육목食肉目의 육식동물이지만 나무열매와 뿌리 등 식물성 먹이도 즐긴다. 동물성 먹이로는 지렁이를 매우 좋아하며 곤충, 매미유충, 게, 새우, 가재, 민물고기, 뱀, 개구리, 도마뱀, 새알, 들쥐, 두더지 등을 잡아먹는다. 본생경本生經에는 매미, 선蟬이 巳에 배당되어 있다. 아마도 허물을 벗는 곤충이기 때문일 것이다.

오소리는 뱀이나 물고기, 매미유충 등을 닥치지 않고 먹어치운다. 卯와 巳의 관계는 앞에서 말했다. 卯가 辰을 보면 관대冠帶로 별 문제가 없으나 辰이 卯를 보면 욕패浴敗에 든다. 이것이 辰卯害의 관계다. 丙戌는 팔자에 酉와 卯를 보는 것을 매우 꺼린다. 욕사浴死의 충沖이 성립되기 때문이다. 오소리는 게의 천적이다. 己가 卯를 보면 병病이 든다. 己는 酉를 보아야 자못 생生을 구한다.

오소리는 예로부터 소웅小熊이라 불렸는데 그 쓸개는 웅담熊膽 대용으로 높은 가격이 매겨졌다. 한때 밀렵꾼들로 인해 개체수가 급격이 줄어 이미 국내의 산간에선 찾아보기가 어려운 상태에 있다. 그토록 철저하게 밀렵이 이루어 진 것은 수요가 폭발적이란 데서 찾을 수 있다.

오소리의 고기의 기막힌 맛은 다음과 같은 일화가 전해져 오고 있을 정도다. 옛날 사냥꾼이 삵을 사냥하여 불에 구어 먹고 있었다. 삵은 이 땅에서 최고의 맛이라 불리며 최고의 별식이었다. 그런데 다른 사냥꾼이 마침 오소리를 한 마리를 잡아 와서 오소리 고기를 먹어 보니 삵은 고기 맛이 아니라고 했을 만큼 오소리 고기의 맛은 천하 일미였음을 알 수 있다.

"기氣가 강한 동물은 몸에도 좋다"는 인식이 있다. 오소리는 사냥개 다섯 마리와 싸워도 결코 지지 않으며 북한에서는 '영양덩어리, 오소리'라는 특집 방송을 내보냈을 정도다. 하지만 매를 보면 꼼짝 못한다. 卯가 未에서 입묘入墓하는 까닭이다.

정보통신(IT) 기업들은 오소리의 꼬임에 빠져 꽃신의 노예가 되어버린 원숭이 이야기를 탁월한 마케팅 성공 사례로 여긴다. 동물나라에 세상모르고 편안히 살던 원숭이가 있었다. 하루는 오소리가 찾아와 원숭이에게 오색 빛 꽃신을 선물했다. 원숭이는 신발이 필요 없었으나 선물이라기에 받아 신었다. 그 후로도 오소리는 꽃신을 계속 바쳤고 원숭이 발바닥 굳은살은 차츰 얇아졌다. 이윽고 신발 없이 나다닐 수 없게 된 원숭이는 그만 오소리의 노예가 되고 말았다. 정휘창씨가 1977년에 쓴 유명한 동화 '원숭이 꽃신'의 줄거리다.

그런데 지금 이것이 단순한 동화 속 이야기만으로 끝나지 않는다. 천만 회원을 가졌다는 한 인터넷 커뮤니티 회사는 이 우화를 현실로 만들었다. 프리챌은 국내 최초로 커뮤니티 유료화를 단행해 파장을 일으켰다. 네티즌 세상에서는 대소동이 벌어졌다. 프리챌을 떠날 것인지 격론이 벌어진 것이다. 회원들은 결국 유료화에 울며 겨자 먹기로 그냥 남게 되었다. 결과적으로 프리챌은 원숭이를 유혹한 오소리가 되고 말았다.

마이크로소프트도 이런 '원숭이 꽃신 경제학'에 충실한 기업이다. 업계에서는 이 '원숭이 꽃신 전략'을 Lock-in effect라고 표현하기도 한다. 卯申 귀문鬼門의 입태入胎 결과가 놀랍지 않은가? 팔자술의 고수들은 卯申, 子巳, 寅酉, 亥午의 상호 태지胎地 조합을 놓치지 않는다. 여기에 형刑이 들면 변괴變怪가 나타나기 때문이다.

▸ Japanese Tanuki Badger Racoon Cute Fortune Tray

일본에서 타누끼는 배와 불알이 클수록 복이 많이 들어온다고 믿어졌다.

辰

용(龍) 두꺼비(蟾), 물고기(魚)

용　　　論龍, Swarovski Dragon

두꺼비　論蟾, Frog Prince Jewelry Box with Swarovski Crystals

물고기　論魚, Swarovski fish

용 論龍, Swarovski Dragon

Feng Shui Tip ▸

1. 용의 기물은 공간의 동남방에 적용하여 배치한다.
2. 토끼띠와 양띠에게 용상은 발전적 변화를 가져오는 기물이 다.

3. 잔나비띠에게 용상은 귀기(貴氣)로 작용한다.

4. 돼지띠는 용의 기물을 멀리하는 게 좋다.

5. 용띠생에게 용상은 맞지 않다.

동양東洋에서 용은 신성한 동물의 상징으로 동물의 제왕으로 여겨지고 있다. 임금이나 천자天子, 비범하고 훌륭한 사람, 명마名馬 등을 용으로 표현한다. 가뭄이 심할 때는 용을 대상으로 기우제祈雨祭를 지내기도 했다. 辰은 수고水庫로 申子를 불러오기 때문이다. 庚과 癸는 모두 辰에서 배양培養된다. 용마龍馬는 모양이 용 같다는 상상의 말인데 복희씨伏羲氏 때 황하黃河에서 팔괘八卦를 등에 괘고 나왔다는 준마駿馬를 말한다. 이는 마치 戊午와 巳午가 짓는 물상과 닮았다. 자연스레 癸水를 비합飛合하기 때문이다.

옛날 사대부士大夫 집에는 대문에 용과 호랑이 그림을 붙였다. 호랑이는 귀신을 쫓고 용은 복을 끌어 들인다는 뜻으로 만들어진 문배門排 그림이다. 용은 범을 만나 장생長生하는데 팔자에 辰이 있고 寅을 보면 卯가 용행호보龍行虎步라, 위풍당당해진다. 乙은 辰에서 관대冠帶하고 寅에서 제왕帝旺에 들기 때문이다. 이것은 巳도 마찬가지다. 寅에서 장생長生하고 辰에서 관대冠帶하니 운증용변雲蒸龍變이라, 뱀이 변하여 용이 되어 승천하는 상이니 영웅호걸英雄豪傑이 기회를 얻어 흥성해진다. 뱀이 용을 보고 범을 보지 못하면 辰巳의 라망암매羅網暗昧에 불과하니 어질용문魚質龍文에 지나지 않는다. 결론하자면 乙과 卯, 丙戊와 巳는 용호상박

龍虎相搏하는 가운데 대발大發하는 것이다. 그러나 乙이 辰巳를 연이어 보거나, 卯가 먼저 辰을 보고 나중에 巳를 본다면 용두사미龍頭蛇尾에 지나지 않는 곡절을 겪는다. 巳에서 욕패浴敗하는 까닭이다. 이것은 丙戊가 辰을 보고 卯를 보아도 마찬가지다. 卯에서 욕패浴敗에 이르기 때문이다.

용에 대한 설명은 여러 문헌에 나오는데 본래 상상의 동물인지라 저마다 자유롭게 쓰고 있다. 관자管子에서 "용은 물에서 나며 몸에 오색五色 빛을 띠며 놀고 있다. 따라서 용은 작게 되고자 하면 누에만큼 작아지고, 크게 되고자 하면 천지를 그 안에 집어넣는다. 또한 위로 오르려고 하면 구름을 능가하고, 아래로 가라앉고자 하면 황천黃泉에 숨는다"고 묘사됐다. 하지만 그만큼 신통력이 있다는 용도 힘을 잃으면 아무것도 할 수가 없다. 초사楚辭에 보면 "신령스러운 용도 물을 잃고 육지에 머물게 되면 땅강아지나 개미가 마름질 할 수 있는 바가 된다"는 구절이 있다. 이런 말을 보면 어제의 권문세가가 오늘은 난처한 형편에 몰려 실의에 빠진다는 옛 말이 실감난다.

용은 돼지를 불쾌하게 여겼다. 용혐저흑면龍嫌猪黑面. 특히 돼지 면상의 코가 마음에 들지 않는 것이다. 용은 열 두 동물의 형태를 모두 형상화한 동물인데, 다 잘 생긴 모습 중에 돼지코를 형상화한 것이 용의 코다. 용은 돼지만 보면 자기 코를 생각하고 스트레스가 심각하다. 辰亥 원진怨嗔이자, 귀문鬼門이다. 丙戊는 亥에서 절지絶地에 들고, 壬은 辰에서 입묘入墓하니 둘은 이만저만한 악연惡緣이 아니다. 이른바 원진怨嗔은 고庫와 연계되는 네 가지가 무섭다. 子는 未가 묘지墓地다. 午는 丑이 묘지墓地다. 亥는 辰이 묘지墓地다. 巳는 戌이 묘지墓地다. 쥐가 양을, 말이 소를, 돼지가 용을, 뱀이 개를 미워하지 않을 수 없게 만드는 것이다.

▸ fengshui dragon

용상이 내뿜는 파워는 막강하다. 풍수는 용으로 다 설명된다. 용은 자연의 힘을 상징하는 궁극적 표상이기도 하다. 그래서인지 용의 기물은 엄청난 행운과 풍요를 상징한다. 손에 쥔 여의주는 세상의 보배를 수중에 넣었다는 의미다. 심지어 머리를 출입구 바깥으로 두면 기후도 조정한다고 했을 정도다.

두꺼비 論蟾, Frog Prince Jewelry Box with Swarovski Crystals

Feng Shui Tip ▸

1. 금두꺼비는 재복의 업신(業神)으로 표상된다.

2. 도교에서 두꺼비는 행운과 상서로움을 가져다주는 대상으로 여긴다.

3. 잔나비띠에게 용상은 귀기(貴氣)로 작동한다.

4. 돼지띠는 용의 기물을 멀리하는 게 좋다.

고대인들은 달나라에 두꺼비가 살고 있다고 상상했다. 중국신화는 예(羿)가 서왕모(西王母)로부터 불사약을 하사받았는데 부인 항아(姮娥)가 혼자 마시고 달로 도망가서 두꺼비가 됐다고 한다. 회남자(淮南子)에 항아(姮娥)는 전설의 신녀로써, 미모가 비범하였으며 10개의 태양이 나타나 생명체가 살 수 없게 되자 곤륜산(崑崙山) 정상에 올라 9개의 태양을 떨어뜨린 '예'라는 남자와 결혼했다고 한다. 불사약을 탐낸 사람으로 부터 약을 지키기 위해 예의 아내인 상아가 그것을 복용하자 하늘로 떠올랐다는 것이다. 하지만 남편을 너무나 그리워한 그녀의 마음 때문에 지상과 가까운 달에 정착하였으며 광한궁에 거쳐하며 지상을 내려다보고 예는 중추절에 높이 뜬 달에서 아내의 모습을 발견하고 달맞이를 시작했다고 전해진다.

사람들은 월식(月蝕)이 일어날 때 달 속에 사는 두꺼비가 달을 삼켰기 때문이라고 믿고 꽹과리나 북을 두드려 두꺼비로 하여금 달을 토해내도록 하는 풍습이 생겨났다. 또한 두꺼비 모양의 등잔을 만들어 방안에 불을 켜두면 두꺼비가 달을 토해내는 정취를 느꼈다.

중국에 유해희섬(劉海戲蟾)이라는 말이 있는데 유해가 두꺼비와 장난을 친다는 뜻이다. 유해는 오대(五代)와 송대(宋代) 초기에 지금의 북경 지역에서 살았던 실존인물로 요(遼)나라의 진사였는데 전국 각지를 유랑하다 신선이 됐다는 것이다. 이후 유해가 세 발 달린 금 두꺼비와 노는 장면을 그린 길상화(吉祥畵)를 집안에 걸어두는 풍습이 생겼는데 청나라 때 크게 유행했다.

삼족섬(三足蟾)은 매우 희귀하므로 큰 행운, 큰 재물로 인한 기쁨을 가져올 것으로 믿었던 것이다. 그래서 '유해희금섬(劉海戲金蟾), 보보조금전(步步釣金錢)'란 속어가 퍼졌다. 민화에 등장하는 유해는 웃음을 가득 머금은 어린 동자의 모습으로도 나타난다.

또 다른 설화에는 청나라 성조 강희제(康熙帝) 때 강소성 소주(蘇州)에 사는 대상인 패굉문(貝宏文)의 집에서 고용인으로 얹혀 살던 아보(阿保)라는 자가 우물 속에서 세 발 달린 두꺼비를 찾아 비단으로 꼬아낸 실로 묶어 어깨에 얹고 다니다 어느 날 하늘로 올라갔다는 얘기가 있다. 이 이야기는 일본으로 전해져 하마선인(蝦蟆仙人) 조각 예술로 표현됐다.

중화권에서 해 안에 산다는 까마귀의 다리는 처음에 두 개였다가 삼족오(三足烏)라는 개념이 생기면서 세 개로 바뀌었다. 후한(後漢) 시대의 분묘 안에 설치된 화상석(畵像石)이나 비단 그림에는 까마귀가 들어앉은 해와 두꺼비가 든 달을 그려 넣었다. 고구려 고분 벽화에서도 마찬가지다. 三이라는 숫자는 특별하다.

노자(老子)의 도덕경(道德經)에 이러한 말이 있다. "도(道, To, Tao)는 하나를 낳고, 하나는 둘을 낳고, 둘은 셋을 낳고, 셋은 만물(萬物)을 낳는다. 만물(萬物)은 음기(陰氣)를 등에 업고 양기(陽氣)를 끌어안아 충기(沖氣)로서 조화(調和)를 이룬다." 여기서 충기(沖氣)는 "음양(陰陽)이 서로 조화(調和)되게 하는 화순(和順)한 기운(氣運)으로서, 비어있으면서 가득 차지 않고 유연(柔軟)한 것이다." 이 유약(柔弱)한 충기(沖氣)로 도(道)가 작용한다.

노자(老子)는 세상의 근원을 도(道)라 하고, 그 도(道)에서부터 하나라는 기(氣)가 나오고 그 기(氣)가 둘로 나뉘어져 음(陰)과 양(陽)이 생기고, 음양(陰陽)이 합하여 삼(三)이라는 것이 생겨서 거기서 만물이 나온다고 한다. 도덕경에서는 삼(三)이 음기(陰氣)와 양기(陽氣) 그리고 음양(陰陽)을 조화시키는 충기(沖氣) 세 가지를 말하고 있다.

▸ fengshui three-legged money frog

세발 달린 두꺼비. 앞쪽은 동자로 표현된 유해가 두꺼비 등을 타고 놀고 있다. 중화권에서 이 기물은 행운을 가져오는 가장 대중화된 소품이다. 조그만 기물은 보통 책상 앞 귀퉁이에 놓아둔다. 비교적 큰 소품은 영업장 입구의 카운터에 두는데 일과 시간에는 현관을 향해 놓아두고, 마감 시간이 되면 내부로 향하게 머리를 돌려 둔다.

▸ fengshui three-legged money frog

우리의 민속에서도 두꺼비는 집지킴과 재복의 상징으로 여겨졌다. 다리가 셋 달린 두꺼비, 삼족섬(三足蟾)은 삼족오(三足烏)와 대칭을 이루는 영물로 산해경(山海經)에 이 둘이 연관 관계가 설명돼있다. 세 발 두꺼비는 특히 중국에서 큰 행운을 가져오는 기물로 각광받았다. 서구인들에게는 주로 돈 개구리(Money Frog)로 알려져 있으며 재물을 부르는 최상의 심벌로 인기가 있다. 속설에 이 두꺼비는 엽전을 집어삼키기만 하고 배설을 하지 못하므로 축재(蓄財)의 대표적 상징으로 알려졌다.

물고기 論魚, Swarovski fish

Feng Shui Tip ▸

1. 풍수에서 주황 황금색의 물고기는 집안을 지키고 액막이를 하는 상징으로 통한다.
2. 솟구쳐 오르는 물고기상은 등용문(登龍門)하는 길조가 있다.
3. 잔나비띠에게 물고기 소품은 귀기(貴氣)로 작동한다.
4. 돼지띠는 물고기 소품을 멀리하는 게 좋다.

속담에 '물 밖에 난 고기'란 말이 있다. 진술충辰戌沖의 상황이다. 이러면 지어지앙池魚之殃이라 아무 죄 없던 연못의 물고기가 재앙을 입는 것이다. 팔자에 辰戌이 충沖하면 필시 戊己土를 봐야만 한다. 이때는 봉충현발逢沖顯發이 되어 도리어 발달하니 용문龍門에 올랐다는 뜻이 된다.

용문은 황하黃河 상류의 산서성山西省과 섬서성陝西省의 경계에 있는 협곡의 이름인데 이곳을 흐르는 여울은 어찌나 세차고 빠른지 큰 물고기도 여간해서 거슬러 올라가지 못한다고 한다. 그러나 '일단 오르기만 하면 그 물고기는 용이 된다는 전설'이 있다. 따라서 '용문에 오른다'는 것은 극한의 난관을 돌파하고 약진의 기회를 얻는다는 말인데 중국에서는 진사進士 시험에 합격하는 것이 입신출세의 제일보라는 뜻으로 등용문登龍門이라 했다.

등용문에 반대되는 말을 점액點額이라 한다. 점點은 상처를 입는다는 뜻이고 액額은 이마로 용문에 오르려고 급류에 도전하다가 바위에 이마를 부딪쳐 상처를 입고 하류로 떠내려가는 물고기들을 말한다. 시험에 낙제하거나, 출세 경쟁에서의 패배자를 가리켜 '이마에 상처가 났다'는 말로 점액點額이라 부른다. 과거에 낙방하면 용문점액龍門點額이라 했다.

후한後漢 말 환제桓帝 때 정의파 관료의 지도적 인물로 이원례李元禮라는 사람이 있었다. 그는 승진을 거듭하다 환관宦官의 미움을 받아 투옥됐다. 하지만 그 후 유력자의 추천으로 사예교위司隷校尉, 지금의 경찰청장이 되어 악랄한 환관 세력과 맞서 싸웠다. 그러자 그의 명성은 나날이 올라갔다. 태학太學의 젊은이들은 그를 경모하여 천하의 본보기는 이원례라 평했다. 선비로서 그의 용접容接을 받는 사람을 일러 등용문登龍門이라 하였다.

辰은 한 마디로 무쌍한 조화造化를 짓는 글자다. 성경에서도 물고기는 심심치 않게 등장한다. 예수는 물고기 2마리와 떡 다섯 개로 축복기도를 한 후 여자와 아이 외에 오천 명을 다 배불리 먹였다. "Once again, the kingdom of heaven is like a net that was let down into the lake and caught all kinds of fish - Matthew 13:47. 이것이 천국의 비유다. 물고기가 그물에 걸리는 것은 辰亥 원진怨嗔의 물상이다. 辰은 亥에서 절명絶命한다.

'지느러미와 비늘 있는 것은 너희가 먹되', 없는 것은 못 먹는 것으로 분류되었다. 뱀장어, 메기, 미꾸라지 등은 먹지 못한다. 이러한 류類는 다 巳에 속한다. 辰이 巳를 보면 라망암래羅網暗昧라, 어리석어 생각이 어두워진다고 했다. 노어해시魯魚亥豕, 어로불변魚魯不辨이라, 심하게 무식해지는 수가 있다. 丙과 戊는 巳에서 같이 나서, 이렇게 차이를 나타낸다. 어魚와 선어鱓魚는 같으면서도 다른 것이다.

물수리가 물고기를 사냥하여 부리로 낚아채면 辰酉合의 물상이 된다. 고슴도치나 오소리가 물고기를 뜯어먹으면 辰卯害가 된다. 丙戊는 酉에서 사死하고, 卯에서 패敗한다. 한편 쥐 잡아 먹는 물고기, 피라니아piranha가 있다. 子辰會이다. 子는 辰에서 입묘入墓한다. 쥐뿐만 아니다. 하천을 건너는 소도 공격대상이다. 丑辰破다. 팔자에 辰未가 있으면 예기치 않은 일을 당할 조짐이다. 어망홍리魚網鴻離라, 고기 그물을 쳤는데 기러기가 걸리는 것과 같다.

엉뚱한 것을 얻거나 남의 일로 횡액을 당한다는 뜻이다. 대개 丑이나 戌이 형刑할 때 그러하다. 뜨거운 팔자에 수고水庫가 깨지면 자칫 학철부어涸轍鮒魚의 처지로 전락하기 쉽다.

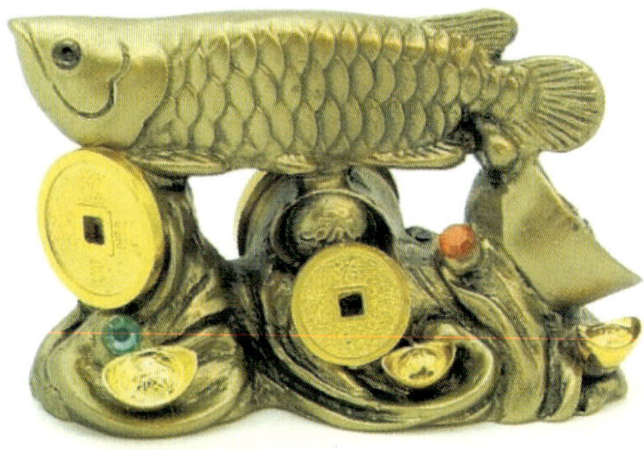

▸ fengshui goldfish

대개의 풍수 기물과 마찬가지로 물고기상도 황금 주괴(ingot)와 엽전, 보석 등의 장식 위에 놓여있다. 재물과 번영 측면에서 상서로운 의미를 담고 있다. 세상에서 가장 비싼 물고기는 화이트 골드 아로와나(Arowana)로 불리는데 풍수에서는 이 물고기가 각별하다.

巳

드렁허리(鱓), 뱀(蛇), 지렁이(蚯)

드렁허리	論鱓, Swarovski Double Eel Necklace
지렁이	論蚯, Swarovski Earthworm IPhone Case
뱀	論蛇 Swarovski Snake

드렁허리 論鱓, Swarovski Double Eel

Necklace

Feng Shui Tip ▶

1. 갯장어과의 기물은 풍수에서 적용되는 법이 드물다.
2. 장어 소품은 환골탈태하는 의미를 지닌다.
3. 이 기물은 보통 소띠와 닭띠에만 적용한다.
4. 용띠는 선어의 기물을 기피해야 마땅하다.

가물치와 뱀장어나 드렁허리와 같이 사납고 힘세며 탐식성의 물고기들이 이제는 미국대륙에서 활개를 치고 있다고 한다. 가물치나 뱀장어는 양식을 하고 흔히 팔기도 하니 그렇다 치고 드렁허리는 무엇인가? 늪지대나 연못 같은데 사는 드렁허리는 진흙 같은 연니軟泥질의 토양 아래에 지하철 같은 길고 큰 굴을 파는데 귀재다. 한 마디로 진흙과는 궁합이 맞는다. 巳丑의 합생合生이고 巳는 丑에서 양육養育된다.

중국 속담에 "새우는 새우의 길이 있고, 게는 게의 길이 있으며, 미꾸라지, 드렁허리 모두 제 갈 길을 간다"라는 말이 있다. 드렁허리는 서식지가 마음에 들지 않으면 이사도 간다. 심지어 아스팔트를 건널 때도 있다. 역동적인 巳의 물상 아닌가? 그래서인지 중국에서는 정력精力에 좋은 것으로 알려져 있으며 피로회복을 돕고 백발을 검게 하며 노인들의 빠진 이를 재생시킨다고까지 믿는다고 한다. 치아는 巳의 물상으로 亥가 충沖할 때 이빨을 뽑기도 한다.

드렁허리란 논두렁을 파고 헐어버린다고 해서 붙여진 이름이다. 그래서 논농사를 짓는 농민들은 드렁허리를 보면 가차 없이 삽이나 손에 들고 있는 도구로 찍어 죽였다. 巳가 酉에서 사死하는, 또 辛巳死의 물상이다. 논에 구멍을 파 농사를 망치게 하니까. 그렇게 미움 받던 드렁허리는 이제는 생태계가 잘 보존된 늪지대 같은 곳에서나 찾을 수 있는 귀한 물고기가 되어버렸다. 이제는 환경부가 지정한 보호종이 되어버렸다.

드렁허리는 훈몽자회訓蒙字會에 선鱔이라 하고 선鱓으로도 쓴다 하였다. 하필 착할 선善을 붙였을까? 아마도 뱀장어와는 달리 일생 동안 논과 호수 및 하천에 서식하기 때문일 듯싶다. 아가미가 퇴화해 폐로 호흡하고, 모두 암컷으로 태어났다가 성장 도중에 성전환을 한다.

巳에서 金이 생生하고, 음陰이 양陽으로 체용體用이 바뀌는 까닭이다. 3급수에서도 잘 버티는 강성強性의 민물고기다. 온대성 어류인 드렁허리는 더위를 이겨내는 능력이 뛰어나며 추위에도 비교적 강하다. 이는 피부에 수분이 조금이라도 남아있으면 장시간 공기 중에 살 수 있고 아무 것도 먹지 않아도 오래 견딜 수 있는 드렁허리의 습성 때문이다. 子巳合이 이러하다.

뱀장어보다 맛이 좋아 중국에서는 드렁허리 요리가 진미珍味중의 진미로 손꼽히며 단백질과 지방이 풍부해 예로부터 보신용이나 약용으로 이용되어 왔다. 본초강목本草綱目이나 동의보감東醫寶鑑 등에 성질이 온기를 주고 맛이 달며 독이 없는 음식으로 기록되어 있다. 약으로 쓸 때는 끓이거나 볶아서 가루로 낸 다음 산후조리나 보혈 강장제強壯劑로 쓴다고 한다.

상하이 지역을 여행하다 보면 고급식당에 빠짐없이 나오는 요리의 재료가 드렁허리다. 미꾸라지나 드렁허리는 개고기와 상극이다. 巳戌 귀문鬼門이기 때문이다. 잘못 먹으면 토사곽란土砂癨亂을 일으킨다. 巳는 戌에 입묘入墓한다. 드렁허리는 丑辰의 니토泥土에서 살지, 戌의 조토燥土나 콘크리트에서는 살지 못한다.

추어탕에 쓰는 미꾸라지를 수송할 때, 수조에 가물치를 함께 집어넣는다고 한다. 미꾸라지의 천적을 투입하는 데는 그럴 만한 이유가 있다. 어항에 미꾸라지만 넣으면 대부분 죽거나 기력을 상실한다.

그러나 가물치를 넣으면 미꾸라지들이 살아남기 위해 부단히 노력하여 근육에 힘이 생기고 차지게 된다. 이는 조직에 활력을 불어넣기 위해 기업경영에서 자주 인용되는 가물치 이론이다. '역逆메기효과'라고도 하는데 이것은 천적으로 볼 수 없다. 다 같이 巳에 속하는 어류기 때문이다.

▸ Chinese Zodiac Bronze Wealth FengShui BiXie Dragon Turtle Snake Head Statue

뱀과 자라의 사축합작(巳丑合作) 물상의 기물은 범띠와 말띠, 개띠의 화명(火命)에게 부자가 되는 특별한 효용을 가져오는 행운의 소품이다.

지렁이 論蚯, Swarovski Earthworm IPhone Case

Feng Shui Tip ▶

1. 지렁이 기물은 풍수에서 적용되는 법이 드물다.
2. 지렁이 소품은 변신의 의미를 지닌다.
3. 지렁이 기물은 보통 소띠와 닭띠에만 적용한다.
4. 용띠는 지렁이와 맞지 않다.

상피구인천지즉준相彼蚯蚓踐之則蠢. 지렁이도 밟으면 꿈틀한다는 얘기다. 결국 하찮다는 것인데. 이인투어以蚓投魚라는 말이 있다. 지렁이를 낚시 미끼로 물고기에게 던진다는 뜻으로, 보잘것없는 것이라도 다 쓸모가 있다. 이것은 辰巳 라망羅網의 물상이다.

지렁이는 땅 속을 헤집고 다니며 흙이나 각종 쓰레기를 먹고 산성 토양을 중화시켜 기름진 토양을 만드는 분변토를 배설한다. 지렁이의 똥인 구인니蚯蚓泥는 맛이 달고 시며, 독이 없어 이질痢疾에 약으로 쓰일 정도로 결코 대수롭지 않은 게 아니다. 지렁이는 현재 '기타 가축'에 속할 만큼 농가의 수입원이 되기도 한다.

또 마치 밭을 가는 것처럼 땅 속을 요리조리 다니면서 흙을 섞고, 빗물이 빠질 통로를 만드는 환경지킴이다. 巳丑의 합생合生, 지룡地龍 아닌가? 소의 분비물을 지렁이가 분해해서 생물이 살게 하고, 그 흙 위에서 작물이 자라나게 하는 순환농업은 말 그대로 巳丑의 배양培養이다.

클레오파트라Cleopatra는 나일강 계곡에서 미용을 위해 지렁이를 양식했다고 한다. 지렁이는 오래전부터 화장품의 원료로 사용되고 있다. 캐나다에서는 지렁이 표면의 끈적끈적한 물질을 자연 보습제의 고급원료로 사용하고 있다. 아프리카 원주민들은 지렁이를 손으로 문질러 그 체액을 온몸에 발라 탈수증을 예방하고 피부를 보호하는 전통적인 관습이 있다. 유럽에서는 고급 루주에 지렁이의 혈액색소와 체표액을 가공, 원료로 사용하고 있다. 丑은 화장품의 물상을 짓는데 이를 합생合生하여 식록食祿을 구하는 팔자는 곧잘 생업生業과 연계될 때가 있다.

The early bird catches the worm. 지렁이의 천적으로 먼저 새를 꼽을 수 있다. 巳는 酉에서 사死하는 법이다. 巳는 午에서 제왕帝旺이지만, 未에서는 쇠衰한다. 기러기가 지렁이를 좋아한다. 지렁이는 오소리의 주요 먹잇감이다. 오소리는 지렁이가 굴에서 나오는 밤에 먹어 치운다. 고슴도치도 마찬가지다.

巳가 卯에서 욕패浴敗에 드는 물상이다. 뱀도 토끼를 잡아먹기 때문에 卯巳는 서로 패지敗地에 놓이는 불리한 조합이다. 고양이도 지렁이를 잘 먹는다. 巳申刑, 巳申破다. 申은 巳에서 장생長生하지만, 巳는 申에서 병病든다. 뱀이나 지렁이도 로드킬의 희생자들 명단에서 빠지지 않는다. 寅巳刑, 巳申刑, 巳戌 귀문鬼門의 물상이다.

지렁이는 한 몸에 암수의 생식기관이 함께 존재하는 자웅동체 생물이다. 巳의 체용體用 변이變異 성질을 그대로 품었다. 지렁이는 자웅동체雌雄同體지만, 대부분의 경우 다른 개체와의 교미를 통해 번식한다. 약 8시간 정도 정액을 교환하는 형식으로 교미가 이루어진다. 巳에 배당된 동물은 다 그러하다.

그래서인지 드렁허리나 뱀, 지렁이는 모두 정력제精力劑로 각광받는다. 지렁이는 물고기나 새의 밥이 되며 먹이사슬의 거의 밑바닥에 있다. 반면 사람은 지구상에 사는 온갖 생물을 다 잡아먹는 생태계의 정점에 있다. 사람은 지렁이로 물고기를 잡을 수도 있고, 그 지렁이를 먹은 물고기도 먹는다. 하지만 결국 인간도 지렁이의 먹이가 되고 만다.

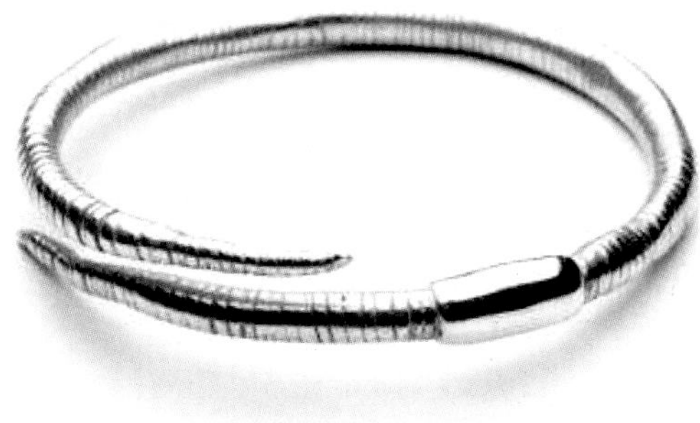

▸ Solid Silver Earthworm Bracelet

지렁이는 한자어로 명색이 지룡(地龍)이었다. 자웅동체로 자체 변화의 상징이다. 닭띠나 소띠나 지렁이 소품을 쓰면 환골탈태(換骨奪胎)의 뜻이 있다.

뱀 論蛇, Swarovski Snake

Feng Shui Tip ▸

1. 뱀 소품은 공간의 동남방에 배치하는 게 원칙이다.
2. 이 기물은 보통 소띠와 닭띠에만 적용한다.

3. 범띠와 용띠에게 뱀의 기물은 맞지 않다.

한자漢字에 관한 그럴듯한 설이 하나 있다. 지붕宀 아래 다른 건 없어도 돼지豕는 살아야 한다는 것이다. 상고시대上古時代에는 뱀이 매우 두려운 존재였다. 아침에 인사말이 '무사호無它乎?', 곧 '뱀 없어?'였다. 가장 겁나는 게 잠잘 때 뱀이 기어들어와 해치는 것이었다.

당시 사람들은 이미 뱀과 돼지의 상극相剋 관계를 발견하여 집家에 돼지를 길러 뱀의 침입을 방지했다. 아무리 둔한 돼지도 뱀만 보면 한 입에 잡아먹는다. 뱀이 당하기만 하는 게 아니다. 새끼 돼지 정도는 한입에 꿀꺽 삼키는 뱀들도 얼마든지 찾아볼 수 있다. 巳亥沖은 이렇게 서로 절지絶地로 치닫는 불리한 결과를 보기 십상이다. 봉시장사封豕長蛇란 식욕이 왕성한 큰 돼지와 먹이를 씹지 않고 통째로 삼키는 긴 뱀이라는 뜻으로 탐욕스런 악인을 두고 이르는 말이다.

시경詩經에는 꿈에 살모사와 뱀을 본 것은 딸을 낳을 상징이라고 했다. 역경易經에는 용사지칩龍蛇之蟄, 즉 "용과 뱀이 겨울잠을 자는 것은 그렇게 함으로써 자신을 보존하기 위함이다"라고 해서 운이 좋지 않을 때는 일시적으로 물러나는 것이 지혜롭게 자신을 안전하게 보호하는 길이 된다고 기술했다. 그리고 주례周禮에서는 "거북이는 지혜롭고 뱀은 결단력이 있다"고 해서 뱀의 덕목을 칭송했다. 이상은 모두 아름다움과 지혜의 상징으로 뱀을 그린 것이다.

신구약성경에는 약 70번의 '뱀'이 나오지만 이중에 3분의 2는 비유적으로 사용되었다. 뱀의 비유는 마귀, 사단, 독이 있는 것, 간교함 등으로 사용된다. Now the serpent was more crafty than any of the wild animals the LORD God had made - Genesis 3:1. 그런데 이 문제를 동물학적인 문제로 풀려는 시도는 무리가 따른다. 신학적인 문제로 접근해야 할 문제라고 본다.

한편 예수는 행동강령에서 다음과 같이 말했다. Therefore be as shrewd as snakes and as innocent as doves - Matthew 10:16. 뱀은 지혜의 총체로 묘사되기도 했던 것이다. 헤겔Hegel은 진실이 하나의 명제에서 찾아지는 것도 아니고, 또 그 반대의 명제에서 찾아지는 것도 아니며 두 명제가 합쳐져 새로운 명제가 될 때 발견된다고 했다. 한 마디로 전인全人이란 차가운 지성과 따뜻한 감성을 지닌 사람이란 얘기다.

'The Fox and the Giant Snake'. 초등학생들이 즐겨 있는 미국 동화의 제목이다. 그 내용이 대강 이렇다. 여우 한 마리가 나무 밑을 지나다가 잠들어 있는 뱀을 보았다. “이 뱀은 몸이 아주 길고 유연하구나. 내 몸도 뱀처럼 길면 얼마나 좋을까? 그러면 높을 곳에도 아주 쉽게 올라갈 수 있을 텐데.” 여우는 뱀의 긴 몸이 부러웠다.

그래서 여우는 뱀 옆에 나란히 누워서 자신의 몸을 길게 늘여 보기로 했다. 조금씩 늘어지는 것 같은 느낌에 신이 난 여우는 더욱 힘을 주면서 몸을 길게 늘였다. 하지만 어느 정도 늘어난 몸은 더 이상 늘어나지 않았다. '해보자! 있는 힘을 다해 늘여보는 거야.' 여우는 숨을 크게 쉬고, 몸을 최대한 길게 늘이기 위해 있는 힘을 다 주었다. 그러자 갑자기 '뚝' 하는 소리가 들렸다. 그만 여우의 허리가 부러지고 만 것이다. 寅巳刑이다. 寅은 巳에서 병病 든다.

▸ fengshui snake

뱀은 열정과 로맨스, 아름다움의 상징으로 회자됐다. 구슬을 품은 뱀상은 행운과 부(富)를 성취하는 기물로 인기가 있다.

午

사슴(鹿), 말(馬), 노루(獐)

사슴　論鹿, Swarovski Crystal Deer Brooch

말　論馬, Swarovski Zodiac Horse

노루　論獐, Swarovski Crystal Rabbits and Roe Deer

사슴 論鹿, Swarovski Crystal Deer Brooch

Feng Shui Tip ▶

1. 사슴 기물은 공간의 정남방에 적용하여 배치한다.
2. 범띠와 개띠에게 사슴은 발전적 변화를 가져오는 기물이다.
3. 양띠와 사슴은 궁합이 잘 맞는다.
4. 쥐띠에게 사슴의 기물은 현침(懸針)으로 작용하여 대개 맞지 않다.

사슴과 말은 같이 午火에 배당된 동물이다. 그러나 엄연히 다르

다. 록鹿은 천자天子를 상징한다. 그래서 천자의 자리를 중원지록中原之鹿이라 했다. 정권이나 지위를 얻기 위해 다툼을 이르는 말이 축록逐鹿이다. 까닭에 양중지양陽中之陽의 丙火는 곧 사슴으로 비유된다. 일본어로 馬鹿野郞(ばかやろう:바카야로)는 곧 바보라는 의미다. 즉 말과 사슴도 구별할 줄 모른다는 뜻이다.

진秦의 시황제始皇帝는 죽기 전에 장자 부소扶蘇를 불러 장례식을 치르라는 조서詔書를 남겼다. 이는 곧 후계자로 지명한다는 얘기다. 이 때 환관 조고趙高는 조서를 위조하여 후궁의 소생인 호해胡亥를 황제로 만들었다. 조고는 호해를 허수아비로 만들고 승상인 이사李斯를 처치한 다음 스스로 황제에 자리에 오를 야심을 품었다. 그런데 조정의 대신들이 얼마나 자신을 지지할지가 문제였다.

어느 날 조고가 신하들 앞에서 호해에게 사슴 한 마리를 바치며 '말을 헌상'한다고 말했다. 그러자 호해가 농弄이 심하다며 '지록위마指鹿爲馬라니...'했다. 조고는 정색을 하며 이것은 분명 말이니 믿지 못하면 이 자리에 있는 대신들에게 물어 보라고 했다. 조고를 두려워한 신하들은 '말이 맞다'고 했고 더러는 사슴이라고 말한 신하도 있었다. 조고는 사슴이라고 말한 사람을 모두 기억해 두었다가, 후에 가차 없이 죽였다.

그러자 이후에는 조정에 조고의 뜻을 거스르는 이들이 한 사람도 없게 됐다. 그러므로 사실이 아닌 것을 사실로 만들어 강압으로 인정하게 하거나, 윗사람을 농락하며 권세를 마음대로 휘두를 때를 가리켜 지록위마指鹿爲馬 내지 이록위마以鹿爲馬라 한다. 이처럼 사슴과 말은 다른 동물이지만, 어찌 보면 같은 午火의 의수擬獸로 전혀 다르다고도 볼 수 없을 것 같다.

회남자淮南子에 "사슴을 쫓는 사람은 토끼를 돌아보지 않고, 천금의 물건을 흥정하는 사람은 푼돈을 놓고 다투지 않는다"는 말이 있다. 축록자불고토逐鹿者不顧兎란 명예나 욕심에 사로잡힌 사람이 도리를 저버리거나, 눈앞의 위험을 돌보지 않는 경향을 비유한 말이다. 사슴에게 토끼는 도움이 안 되지만, 덕분에 토끼는 산다. 午卯가 破하면 대개 卯는 생生을 얻고 午는 병病들기 마련이다.

사슴은 나뭇잎이나 딸기 같은 열매를 먹고 사는데 종종 먹이가 전혀 남아 있지 않을 때까지 한 곳에 머물러 있다가 죽기도 한다. 사슴은 늑대와 같은 천적天敵이 다가올 때에만 다른 지역으로 도망가서 먹이를 발견하고 살아남기도 한다. 그러니 천적인 늑대가 오히려 목숨을 구해주기도 하는 것이다. 午는 戌에 입묘入墓하지만 어쩔 때는 戌庫에서 안식을 구하기도 한다. 이것은 화고火庫만이 지닌 특징이다.

예로부터 양과 사슴은 길한 동물로 여겨졌다. 둘 다 사람을 해치지 않고 성질이 온순했기 때문이다. '미美, 선善, 의義, 상祥, 선鮮'과 같이 좋은 의미를 담은 글자에는 양羊이 속해있다. 사슴도 마찬가지다. '려麗나 경慶, 린麟'에는 록鹿이 들어 있다. 午未合은 육합六合 중에 가장 이상적인 합이다. 午는 未에서 관대冠帶하고, 未는 午에서 록祿을 얻기 때문이다. 그렇다고 해서 양과 사슴이 매양 순한 게 아니다. 午와 未는 현침懸針을 대표하는 글자로 찔러 죽이는 기운이 있다. 하물며 양인羊刃이겠는가. 항우項羽가 남긴 성어 중에 거록鉅鹿이라는 말이 있다. 전투에서 유래된 이 말은 살아 돌아가기를 기약하지 않고 맹렬한 기세로 싸운다는 뜻이다. 이것은 지명이기도한데 1108년에 황허黃河 강의 범람으로 묻혀 있다가 1918년부터 발굴되었다. 항우가 진나라 장군 장한章邯의 군대를 대파大破한 곳으로 유명하다.

▸ fengshui Vase on Deer

일장경(一掌經)에 사슴은 그 자체로 복록을 상징한다. 오복성(午福星)이다. 지혜와 권위의 표상이다.

말 論馬, Swarovski Zodiac Horse

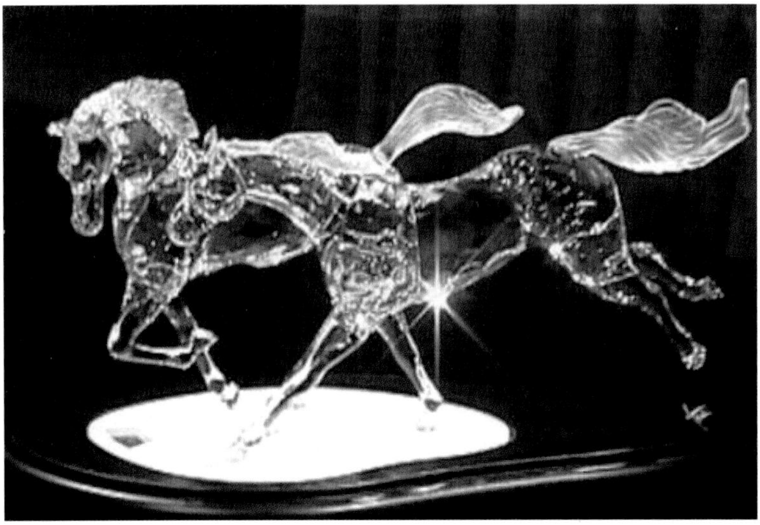

Feng Shui Tip ▸

1. 마상은 공간의 정남방에 적용하여 배치한다.
2. 범띠와 개띠에게 마상 발전적 변화를 가져오는 기물이다.
3. 쥐띠와 말은 대개 궁합이 맞지 않는다.
4. 잔나비띠는 말의 기물을 멀리 하는 게 좋다.

사람에게 이로운 동물이 참 많지만, 많은 노동력을 제공하기로는 마소가 으뜸이다. 원래 말을 셀 때는 '필'이라 하고 소를 셀 때는 '마리'라 했다. 말은 야간에 옷감 한필에 해당하는 거리의 시력을 가졌고, 소는 한마에 해당하는 거리밖에 볼 수 없었다.

그래서 옛날 전쟁터에서 군인들이 야간에 기습을 할 때는 말을 이용했고, 소는 뿔이나 마차 위에 불타는 장작더미를 쌓아 놓고 적진에 투입했다. 앞이 보이지 않는 소는 뒤돌아 설줄 모르니 적군에게는 참으로 곤혹스러운 대상이었다. 이렇게 유용한 두 동물은 서로 궁합이 맞지 않다.

마차에 소와 말을 함께 묶어 끌게 하면 제자리만 뱅뱅 돌고 만다. 서로를 사납게 대하며 각자 다른 방향으로 마차를 끌고 가려 한다. 그래서인지 마우馬牛를 동시에 쓰는 성어에는 예외 없이 보잘것없는 뜻이 담겨 있다. 일례로 학식이 없거나 예의를 모르는 사람을 조롱해 이르는 말로 마우금거馬牛襟裾가 있다.

또 도리에 어긋나는 경우를 두고 뿔이 없는 송아지와 뿔이 있는 말의 뜻으로 동우각마童牛角馬로 비유하기도 한다. 대개 말은 개와 짝을 이루어 충忠을 나타내는데, 소는 개와 짝을 이루지 못하고 광狂의 공통분모만 성립될 뿐이다. 寅午와 午戌은 얼핏 같아 보여도 속뜻이 크게 다르다. 앞은 사사死死의 포태胞胎 조합이고, 뒤는 양왕養旺이다. 寅午는 마치 마이동풍馬耳東風과 같고 午戌은 견마지충犬馬之忠 혹은 구마지심狗馬之心의 공功으로 나타나기 쉽다. 丑戌은 광견광우狂犬狂牛의 재앙을 초래키도 하는 것이다.

말은 원숭이와도 어긋난다. 申과 午는 쌍방이 욕패浴敗에 놓이는 까닭이다. 날뛰는 말과 떠드는 원숭이는 진정시키기 어려운데 번뇌와 정욕情慾으로 마음이 흐트러져 억누를 수 없는 지경을 두고 의마심원意馬心猿猿이라 한다.

준족사장판駿足思長阪, 잘 달리는 말은 긴 고개에서 달려보고 싶어 한다는 뜻이니 영웅호걸이 때를 만나 자기 재능을 충분히 발휘하고자 함을 비유하는 말이다. 우리의 조상은 수천 년 전 상고시대부터 중앙아시아의 초원과 만주벌판에서 말을 달리며 누비던 기마민족이었다.

돌이켜 보면 우리의 '빨리빨리' 문화는 60년대의 절대 빈곤에서 탈출하는데 큰 위력을 발휘했다. 예로부터 "하늘을 다니기는 용과 같은 것이 없고, 땅을 다니기는 말과 같은 것이 없다. 말은 무장한 병사의 근본이고 나라의 큰 쓰임이다"라고 한 것처럼 인간의 삶에 직접적인 도움을 주는 존재였다.

이처럼 사람과 뗄 수 없는 관계여서 예로부터 말과 관계된 여러 신들에게 제사를 드리는 관습이 있었다. 봄에는 마조馬祖, 여름에는 선목先牧, 가을에는 마사馬社, 겨울에는 마보馬步에게 제사를 드렸다. 마조는 천사天駟라는 말과 관련된 별의 명칭이기도 하며, 선목은 처음으로 인간에게 말의 방목放牧을 가르친 신의 이름이다. 또 마사는 마구간안의 토지신이며, 마보는 말에게 재해를 가져오는 신의 이름이다. 말이 인간에게 많은 도움을 주었기에 이런 제사가 있었던 것 같다.

▸ fengshui Horse

풍수에서 마상의 효용은 보통 앞발을 든 자세여야 인정된다. 말은 보기에도 역동적이다. 어지간한 장애물은 수월하게 넘어간다. 힘이 넘치고 권위가 있으며 귀족적이다. 일반적 성공이 아닌 구별되는 성취와 대업을 상징한다. 끊임없이 분발시키며 근면하게 착실한 경력을 쌓도록 독려한다.

▸ 寅午戌 삼합

호랑이와 말, 개은 삼합(三合)을 이뤄 각 동물에 해당되는 띠는 좋은 인연이 되기 쉽다. 뱀띠와 닭띠, 소띠 생이 이상의 세 가지 동물상을 모두 갖추게 되면 반안(攀鞍) 그룹을 이뤄 겁년반(劫年攀)의 합작 물상을 지으므로 운기의 가파른 상승을 기대할 수 있다. 이상의 세 기물은 공간의 정남방에 적용하여 배치하는 게 원칙이다.

노루 論獐, Swarovski Crystal Rabbits and Roe Deer

Feng Shui Tip ▶

1. 노루 기물은 공간의 정남방에 적용하여 배치한다.
2. 범띠와 개띠에게 노루는 발전적 변화를 가져오는 기물이다.
3. 쥐띠와 노루는 대개 궁합이 맞지 않는다.
4. 수술 환자의 병상에 토끼와 노루의 기물을 같이 두면 쾌차 한다.

노루는 성정이 온순하고 잘 울며 빠른 질주력을 가지고 있다. 그런데 천적이 보이지 않으면 정지해서 주변을 살피는 습관이 있다. 그래서 호랑이나 표범, 늑대, 독수리 등에게 자주 습격당한다.

사냥꾼도 이때를 기다린다. 새끼라도 생후 1시간이면 걷고, 이틀만 지나도 사람이 따라갈 수 없을 정도로 잘 뛴다.

동네 뒷산이나 들판까지 겁 없이 내려와 놀기도 하는 천진함이 있는가하면, 어린 새끼가 안 보일 때 밤낮을 가리지 않고 울부짖는 가족애가 강한 족속이다. 추운 겨울에도 바람만 심하지 않으면 양지보다 음지를 선택하여 서식하는 특징이 있다.

그래서 午陽인 동시에 丁陰에 별렀다. 이러한 체용의 변화는 일종의 결벽이자 묘한 자존심이나 질투, 시기의 감정으로 내재되어 한 번 감정이 상하면 오래도록 풀리지 않는다. 그래서 말띠나 정일丁日에 난 사람에게는 이러한 성정의 일면이 나타날 때가 많다. 또 족상足相에 발바닥의 홈이 깊은 노루발은 남에게 지기 싫어하며 질투심이 강하다고 했다.

노루는 엄밀히 사麝를 말한다. 수컷도 뿔이 없는 사향노루다. 약재로 쓰지도 못한다. 그래도 사냥꾼들은 다른 짐승을 사냥하다가도 사향노루를 발견하면 그것을 쫓았다. 그 이유는 사향麝香(musk) 때문이었다.

사향은 옛날부터 생약으로서 강심, 흥분, 진경제鎭痙劑로, 또 기절하였을 때 정신이 들게 하는 약으로 내복되었다. 사향은 중국의 왕실이나 지방 토호들의 내실에서 은밀하게 사용되었다. 마지막 불이 꺼진 내실에 스며드는 사향의 냄새는 사그라진 백발 남체의 경莖을 일으켰고 갱년기 여체의 문도 열게 만들었다.

이처럼 남녀의 정염을 불러일으키며 연적戀敵에게 빼앗겼던 자기 사람을 다시 되돌아오게 했다. 이 향은 예부터 영묘향靈猫香(civet), 용연향龍涎香(ambergris) 등과 함께 중국의 역사를 뒤바꿔놓은 영약으로 꼽혀왔다. 영묘향은 사향고양이의 암컷 음문에서 채취된 향이고 용연향은 큰머리 고래의 몸에서 채취한 향이다.

이 매혹적인 음陰의 향에 임壬의 합合이 들면 이중성격으로 부정한 음행淫行이 나타날 때가 많다. 정丁의 가신假神은 계癸다. 곤궁과 빈곤이 침입하고 여성은 이성으로 인한 신병의 고통을 수반하기 쉽다.

'선녀와 나무꾼' 설화에는 노루와 더불어 쥐가 등장한다. 쥐를 모티프로 삼으면 시련이 펼쳐지는 내용으로 이야기가 바뀐다. 피장봉호避獐逢虎, "노루를 피하니 범이 온다"는 우리 속담의 한역漢譯이다. 장애를 건너고 나니 더 큰 고난이 닥쳤다는 말인데 재난이 겹쳐 해쳐나가기 더욱 어렵게 되었다는 뜻이다.

이렇게 寅午가 겹치면 대개 죽을 지경에 처하는 수가 많다. 또 "도망치는 노루 보다가 잡았던 토끼 놓친다"는 격언도 있다. 이래저래 토끼는 노루덕택에 목숨을 구한다. 午卯破에 午는 卯에서 병지病地에 들지만 卯는 午에서 장생長生한다.

고려와 조선의 태조太祖인 왕건王建과 이성계李成桂는 많은 공통점을 갖고 있다. 두 사람 모두 독실한 불교신앙을 갖고 있었다. 왕건에게는 도선道詵, 이성계에게는 무학無學 대사가 있었다. 이들은 모두 풍수風水에 밝았다. 당시에는 무불풍武佛風이 성격상 서로 어울릴 수밖에 없었다. 풍수는 다름 아닌 군사지리학이었던 것이다.

또 하나의 공통점은 적이라도 감싸는 포용력이었다. 아들 이방원李芳遠에 의해 처참한 말로를 맞긴 했지만 이성계는 마지막 순간까지 고려를 지키려 했던 정몽주鄭夢周를 끌어안기 위해 부단히 노력했다. 그런 이성계도 조선을 세운 후에 끝까지 자신을 따르려 하지 않았던 개경의 올곧은 선비들을 미워하여 "100년 동안 개경의 선비는 과거를 보지 못하도록 하라"는 명을 내렸다고 한다. 조선시대 개경에는 사대부라는 이름까지 없어졌을 정도다.

포용력만 놓고 보면 왕건이 이성계보다는 훨씬 윗길이었다. 군사적 우위를 확보하고서도 후백제나 신라가 투항해 올 때까지 무던히도 기다렸던 그다. 결국 후백제는 내분으로 붕괴되었고 신라는 경순왕이 머리를 숙이고 들어왔다. 그래야만 후백제나 신라의 백성이 새 나라의 통치를 받아들일 것으로 본 미래통찰이었다. 그런 왕건도 도저히 용서 못할 사람들이 있었다.

후백제의 충청도 목천木川 사람들이었다. 동국여지승람東國輿地勝覽에 따르면 목천 사람들이 끝까지 투항을 하지 않고 버티자 돈豚, 상象, 우牛, 장獐 등과 같은 희귀성을 부여했다. 말 그대로 돼지, 코끼리, 소, 사슴의 동물이름을 내린 것이다. 그만큼 왕건의 노여움이 컸다는 얘기다. 후에 豚은 돈頓으로, 象은 상尙으로, 牛는 우于로, 獐은 장張으로 바뀌었다.

목천木川을 본관으로 하는 이 네 성은 거의 멸문지화滅門之禍에 가까운 고초를 겪은 탓인지 고려 때는 말할 것도 없고 조선시대에도 이렇다 할 인물을 찾기가 힘들어졌다. 지금은 상씨와 우씨는 그런대로 가구 수를 유지하고 있으나 돈씨와 장씨는 생존자가 100명 내외로 겨우 명맥을 유지하고 있다.

▸ porcelain roe deer figurine statue

풍수에서 노루나 사슴은 건전한 사교 관계와 인덕(人德)을 두텁게 하는 소품으로 활용됐다. 말을 위시한 오화(午火) 의 소품은 공간의 남쪽이나 동쪽(木生火)에 배치하는 게 원칙이다. 보통 사슴과 노루는 병화(丙火)의 양물(陽物)로 구분되지만 노루는 정화(丁火)의 음물(陰物)로 구분되어 서있는 모양보다는 앉아있는 자세가 적합하다.

未

양(羊), 매(鷹), 기러기(雁)

양　　論羊, Swarovski Zodiac Sheep

매　　論鷹, Multicolor Swarovski crystal Hawk Cuff Bracelet

기러기 論雁, Swarovski Swan Jet Black

양 論羊, Swarovski Zodiac Sheep

Feng Shui Tip ▶

1. 양의 기물은 공간의 서남방에 적용하여 배치한다.
2. 말띠에게 양은 발전적 변화를 가져오는 행운의 기물이다.

3. 토끼띠에게 양의 기물은 재정적 파탄을 초래할 수 있다.
4. 용띠나 소띠는 대개 양과 궁합이 맞지 않다.

설문說文에는 '양羊은 상祥서롭다'라고 나와 있다. 즉 양羊은 상詳이라는 글자의 고체古體로 옛 형태다. 양은 일찍부터 희생제물 등으로 사용되었으며 신성한 존재로 여겨졌다. 설문에서 공자孔子가 말하길 '우양牛羊이라는 글자는 그 모양에 따라 만든 것이다'라고 했다.

양은 유대인에게도 없어서는 안 될 짐승이었다. 고기와 젖과 의복을 제공해 주었다. 양은 팔레스타인의 거칠고 바라볼 것이 없는 산지의 풀과 그루터기에 돋아나는 새싹을 뜯어 먹으며 살아나갈 수 있었다. 동아시아에서 양은 십이지의 하나이다. 성경에서 양은 제사용 희생으로 사용되었으며, 종종 온순하고 어리석은 백성에 비유됐다. 알려지기로는 이미 신석기시대부터 개를 이용하여 집단적인 양떼들의 가축이 가능했다는 것이다.

최초의 목적인 식용이 일반적 의견이다. 戌은 未의 양지養地인데 개가 양떼를 외부의 위협으로부터 보호하는 그림이고, 늑대가 양을 덮치면 곧 戌未刑이 된다. 보통 형刑의 물상은 소송과 쟁투로 이어지기 쉽다. 최근 개 복제에 대한 독점적 특허권을 주장하는 '알앤엘바이오' 주장에 대해 '바이오아트사'는 '알앤엘바이오'가 복제양羊 돌리의 특허를 침해했다는 입장을 밝혔다. 복제양 돌리를 탄생시킨 영국 '로슬린' 연구소, 돌리 특허를 인수한 미국 '스타트라이센싱사' 측은 서울대 이병천 교수팀이 개 복제에 사용한 핵치환 기술이 돌리의 복제 기술을 모방한 것이라며 특허소송 방침을 밝힌 것이다.

'바이오아트사'는 '스타트라이센싱사'로부터 개와 고양이 등의 복제에 대한 전용실시권을 양도받은 회사다. 고사에는 양과 개를 싸잡아 하찮은 것에 비유한 예가 많다. 견양犬羊은 곧 '별 볼 일이 없다'는 뜻이기도 하다. 재능이 없는 바탕을 두고 견양지질犬羊之質이라 말한다. 丑戌刑이 성립되면 丑中癸水와 戌中戊土가 짝을 이뤄 丑戌의 기물器物은 파괴되기 일쑤다. 未는 丑과도 형刑한다. 여기에는 별다른 생의生意가 없다. 소도 양도 둘 다 힘을 잃게 된다는 얘기다. 사정이 이러하면 문망주우양蚊蝄走牛羊이라, 모기와 등에마저도 소와 양을 쫓는 형국이 된다. 丑戌未와 달리 寅申巳 삼형三刑에는 생生의 의미가 나타난다. 巳는 寅에서 생하고, 申은 巳에서 생한다.

양은 온순하고 겁이 많지만 위협을 받으면 몹시 난폭해지기도 한다. 뜻밖의 재난과 사고를 암시하는 성분이 양인羊刃이다. 호랑이도 양으로 인해 체면을 구긴다. 거죽은 훌륭해도 실속이 없으면 양질호피羊質虎皮라 한다. 寅은 未에서 입묘入墓하는 까닭이다. 양이 무사할리 없다. 未는 寅에서 사死한다. 그래서 寅未 귀문鬼門이 무서운 것이다.

풍수에서도 寅未鬼의 방향을 잘못 건드리거나 수리하면 동티가 난다고 강조한다. 숫양이 무엇이든 뿔로 받기를 좋아하는데, 급기야 울타리를 받다가 뿔이 걸려 꼼짝도 못하게 된 처지를 일러 저양촉번羝羊觸蕃이라 말한다. 사람의 진퇴가 자유롭지 못하게 됐다는 애기다. 양의 성질은 대개 온화하다고 보는 게 대다수의 견해지만, 중국에서는 그렇게 말하지 않았다. 양은 잉태된 지 4개월 만에 태어나고 그 눈은 눈동자가 없는 데다 창자는 얇고 구불구불하다. 그 성질이 습기를 싫어하고 건조한 것을 좋아하며 병후病後에 양고기를 먹으면 반드시 열이 난다는 등의 이야기가 본초本草 같은 문헌에 요란스럽게 씌어 있다.

▸ fengshui Sheep

십이지에 양(未)의 포지션은 서남방이다. (SW1:202.5-217.5 degrees) 범띠와 말띠에게 양의 기물은 반안(攀鞍)에 속하여 번영을 가져다주는 행운의 귀물(鬼物)이다.

매 論鷹, Multicolor Swarovski crystal

Hawk Cuff Bracelet

Feng Shui Tip ▶

1. 매의 소품은 공간의 서남방에 적용하여 배치한다.
2. 말띠에게 매는 발전적 변화를 가져오는 행운의 기물이다.

3. 토끼띠에게 매의 기물은 재정적 파탄을 초래할 수 있다.
4. 쥐띠와 뱀띠는 매의 기물이 맞지 않다.

도가道家의 경전인 음부경陰符經에는 '은생어해恩生於害, 해생어은害生於恩'이라는 말이 있다. 같은 뜻으로 동양적 인간학을 논한 채근담菜根譚에는 '원인덕창怨因德彰, 구인은립仇因恩立'이 있다. 여기에는 은혜를 베푸는 요령까지 일러주고 있을 정도다. 덕을 베푼 게 오히려 화禍가 되는 사례는 주변에서도 얼마든지 찾아볼 수 있다.

초楚에서 벼슬을 하던 백주려伯州黎는 비무기費無忌의 모함으로 죽임을 당했다. 그의 아들 백비가 오자서伍子胥를 의지해서 오吳나라로 망명할 때 동병상련同病相憐하는 마음으로 받아들였다. 이때 같은 대부인 피리被離가 오자서에게 백비를 평하여 응시호보鷹視虎步라, 즉 눈길은 매와 같고 걸음걸이는 호랑이와 같아 살인을 할 상이니 결코 마음을 허락해서는 안 될 것이라고 조언했다. 오자서는 피리의 충고를 듣지 않았다. 후일에 월나라에 매수된 백비가 모함하여 오자서를 분사憤死하게 했다.

명리가命理家의 안목으로 보면 매와 호랑이의 비유가 예사롭지 않다. 寅未는 곧 원진怨嗔인 까닭이다. 보통의 원진이 아니다. 寅은 未에 입묘入墓하고, 未의 사지死地가 되기도 한다. 예나 지금이나 곤경에 처한 사람끼리 또는 적의를 품은 사람끼리 한자리나 같은 처지에 있을 때는 공동의 어려움이나 이득에 대해서는 서로 협력하다가도, 일단 성공하게 되면 성과를 독점하고 상대방을 파

멸시키는 비정한 호랑이와 같은 인간이 어느 층에나 있다. 사람을 제외한 뱀의 대표적 천적은 매다.

돼지는 비단 뱀을 먹이로 삼는 게 아니므로 천적이라 할 수 없다. 巳가 未와 辛, 혹은 酉를 함께 보면 대패大敗가 된다. 매는 토끼도 사냥한다. 卯는 未에 입고入庫한다.

매와 기러기는 추隹에 인人이 더해진 새다. 둘 다 사람과 인연이 깊은 새 들이다. 기러기는 벼랑인 안厂에 있고 매는 집인 엄广에 있으니 매가 더 가깝다. 기러기는 예물로 쓰거나, 절기를 알려주는 철새로 인간의 덕성을 품었다고 여겼다.

해동청 · 보라매 · 송골매로 불리는 매는 사람이 길들이기도 한다. 고려시대에는 응방鷹坊을, 조선시대에는 내응방內鷹坊이라는 관청을 두고 매를 길러 꿩이나 토끼를 잡는 사냥이 성행했다. 눈이 지천으로 쌓인 한겨울 지리산 골짜기는 꿩 사냥 열기로 뜨겁게 달아올랐다. 공중에 띄운 해동청·보라매가 날카로운 부리와 발톱으로 더욱 매서운 눈을 부라리면 덤불 속에 숨어 있는 꿩은 매방울 소리를 듣거나 매의 발톱에 매달린 '시치미' - 주인의 이름을 표시한 헝겊 - 만 봐도 기가 질렸다. 이 순간 쏜살같이 매가 덮쳐 생치生雉를 물어뜯는다. 未는 酉에서 생生을 얻고 酉는 未에서 쇠衰한다. 팔자에 卯酉沖이 있고 여기에 未가 더해지면 난투亂鬪하는 상황이 발생하기 쉽다.

▸ fengshui Hawk

풍수에서 맹금(猛禽)류는 대개 날개를 활짝 펴고 단단한 발톱으로 구슬을 쥐고 있어야 영물로 통한다.

기러기 論雁, Swarovski Swan Jet Black

Feng Shui Tip ▶

1. 기러기상은 공간의 서남방에 적용하여 배치한다.

2. 말띠에게 기러기는 발전적 변화를 가져오는 행운의 기물이

다.

3. 쥐띠와 기러기의 기물은 궁합이 맞지 않다.

기러기는 한자어로 안雁, 홍鴻이라 쓰고 옹계翁鷄, 또는 홍안鴻雁이라고도 한다. 몸은 수컷이 암컷보다 크며, 몸 빛깔은 종류에 따라 다르나 암수의 빛깔은 같다. 목은 몸보다 짧다. 부리는 밑 부분이 둥글고 끝으로 갈수록 가늘어지며 치판齒板을 가지고 있다. 다리는 오리보다 앞으로 나와 있어 빨리 걸을 수 있다. 땅 위에 간단한 둥우리를 틀고 짝지어 살며 암컷이 알을 품는 동안 수컷은 주위를 경계한다.

홍鴻의 뜻은 크다. 나라를 세우는 큰 사업은 홍업鴻業이다. 큰 명예는 홍명鴻名이라고 한다. 뭇사람의 존경을 받는 이름난 선비를 일러 홍유鴻儒다. 홍유란 깊은 사색을 거쳐 글을 짓고 체계가 있는 문장을 써내는 특출한 사람 중에서도 더욱 특출한 사람이다. 未는 곧 '붓'의 물상을 짓고 큰기러기의 날개는 높고 높은 하늘로 비상할 수 있다.

그래서 중국어로 뛰어난 문필, 문호文豪는 홍필鸿笔이라 한다. 큰 기러기와 고니의 뜻, 홍곡지지鴻鵠之志는 영웅英雄, 호걸豪傑의 원대한 포부抱負를 비유해 이르는 말이다. 말은 달리고 기러기는 난다. 마홍주비馬鴻走飛는 건전한 발전을 상징한다. 午는 未에서 관대冠帶하고 未는 午에서 제왕帝旺이 되는 까닭이다.

기러기 떼는 'V'자 모양으로 이동한다. 날개를 이용해 서로 상승 기류를 만들므로 혼자 나는 것보다 70%는 더 멀리 갈 수 있다.

리더가 힘들어하면 바로 뒤편의 기러기가 전면으로 나선다. 조금 전의 선두는 맨 뒤 열로 처진다. "호수가 얼어붙기 직전에 떠난다"는 기러기들의 행동 지침은 타이밍이 변화의 키포인트임을 말해준다.

또 "함께 날아야 큰 힘이 된다"는 동물적 본능은 모든 조직원들이 뜻을 같이해야 혁신이 성공한다는 인간적 자각에 이르게 만든다. 가을에 여름새인 제비는 남쪽으로 날아가고, 겨울새인 기러기는 북쪽으로 날아간다. 길이 어긋나서 서로 만나지 못하여 탄식함을 이르는 말이 연홍지탄燕鴻之歎이다. 子는 未에서 입묘入墓하고 未는 子에서 절지絶地에 든다.

기러기 안雁과 응할 응應, 매 응鷹은 뿌리가 같은 글자다. 이들 세 글자의 뿌리가 되는 꼴을 보면 모양으로 열을 지어 날아가는 모습을 나타내고 그 안에 고개를 쭉 내민 새를 그렸다. 그런데 후에 이들 글자들은 의미를 구체화하면서 조금씩 바뀌게 되었다.

기러기의 삶의 방식인 서열을 지어 질서정연하게 철따라 이동하는 것에서 형제의 다정함과 자연에 순응하는 개념이 응應자에 살아 숨 쉰다. 그래서 응應은 곧 기러기의 마음이고, '응하다·대답·승낙하다·사랑하다'라는 뜻을 담고 있다.

▸ fengshui golden goose

풍수에서 기러기상은 풍요로운 부자가 되는 비밀의 통로를 여는 특급 기물로 귀하게 여겼다. 이러한 소품에는 무한하고 넉넉한 재물을 가져다준다고 다소 과장된 선전 문구가 따르기 일쑤다.

申

고양이(猫), 까마귀(烏), 원숭이(猴)

고양이 論猫, Swarovski Lovelots Cat

까마귀 論烏, Raven Necklace with silver bail
and Pink Swarovski crystal

원숭이 論猴, Swarovski Crystal Figurine,
Lovlots Monkey

고양이 論猫, Swarovski Lovelots Cat

Feng Shui Tip ▸

1. 고양이상은 공간의 서남방에 적용하여 배치한다.
2. 쥐띠와 고양이는 궁합이 잘 맞는다.

3. 토끼띠는 대개 고양이 기물이 맞지 않다.

4. 범띠나 뱀띠는 고양이상을 쉽게 적용해선 안 된다.

고양이는 고양이속屬에 속하는 포유동물이다. 야생 고양이는 약 10만 년 전부터 존재했으며, 9,500년 전부터 길들여진 흔적이 발굴됐다. 인류로부터 오랫동안 애완동물로 사랑받아 왔다. 그 기원은 고대 이집트인들이 쥐를 잡기 위해, 리비아 고양이등의 야생고양이를 길들인 이후 애완동물이 된 것으로 추정되기도 한다.

한편 고양이는 가두어 기를 수 없었으며, 스스로 길들여졌다고 추측되기도 한다. 고대 이집트의 벽화에는 고양이를 새 사냥에 이용하는 그림이 있다. 한국, 중국, 일본에는 십이 十二支에 포함되어 있지 않지만, 태국과 베트남에서는 십이수十二獸 중 하나다. 애완견과는 달리, 옛 습성이 살아 있고 발톱을 숨길 수 있어서 쥐나 작은 새를 사냥할 수 있는데, 가시가 있는 혀로 뼈에 붙은 고기를 핥아서 먹을 수 있다. 팔자에 申이 辰을 보면 申에 해당하는 육신은 합생합작合生合作으로 필시 긍정적인 형태를 띠기 마련이다.

고양이하면 우선 생각나는 짝이 쥐다. 톰과 제리Tom and Jerry는 우둔한 고양이와 꾀 많은 생쥐가 주인공인 애니메이션으로 이 시리즈는 아카데미상을 수상할 정도로 오랜 인기를 끌었다. 여기서는 주로 고양이가 당한다. 하지만 보통 쥐는 고양이를 만나면 꼼짝 못한다. 누가 고양이 목에 방울을 달 것인가? 묘두현령猫頭懸鈴, 불가능한 얘기다.

그런데 궁지에 몰리면 쥐도 고양이를 문다. 그러니 申과 子는 결국 쌍방이 사死하는 불리한 조합이기 쉽다. 상하가 부정하게 결탁해서 나쁜 짓을 하거나, 도둑을 잡아야 할 사람이 도둑과 한패가 되는 현상을 일컬어 묘서동면猫鼠同眠, 묘서동처猫鼠同處라고 말한다. 어쨌거나 둘의 관계는 합습이 드는 만큼 찰떡궁합이 될 때도 있다는 얘기다.

살해 메커니즘이 장착된 상자 안에 들어 있는 슈뢰딩거 Schrdinger 고양이의 생사를 두고 말이 많은 것은 그것이 하필 고양이이기 때문이다. 삼명통회三命通會에 申이 무량無量하다고 했다. 헤아리기 어렵다는 얘기다. 申이 곧 神으로 통하는 까닭이기도 하다. 어쨌거나 명리의 예측 세계는 필연성으로 입증되지 않은 상태로만 우연성을 논할 뿐이다.

유럽의 동화인 장화 신은 고양이Le Chat Botté는 속임수를 써서 가난뱅이가 된 주인이 부자가 되도록 도움을 준 한 고양이에 관한 이 이야기로 수백 개의 변형이 존재한다. 장화를 신고 가방을 들고 다니는 고양이는 사냥한 토끼를 궁전으로 가져가 바치면서 주인을 부자로 만든 계기를 마련했다. 卯申鬼는 태지胎地의 조합이다. 끝도 없이 만들어 내는 것이다.

그리고 여기엔 일종의 기만 술책이 담겼다. 아이로니컬한 것은 유럽인들의 고양이에 대한 이중적 반응이다. 쥐를 잡는 뛰어난 재능이 고양이의 필요조건이었다면, 사납게 표변하는 성격으로 인해 극심한 탄압의 대상이 되기도 한다. 배신 · 배반 · 변절 따위의 상징이 되기도 했고, 심하게는 사탄의 대리자로 멸족의 위기에 몰리기도 했다.

뱀과 고양이는 이렇게 사탄Satan과 배신, 형벌과 연관됐다. 14세기 중기 전 유럽에 대유행한 페스트pest가 창궐했을 때 유럽인들은 고양이를 증오했다. 자연 쥐의 수가 급증했고, 그럼에도 불구하고 사람들은 페스트의 원인이 고양이에게 있다고 생각했다. 인간이 무지로 인해 스스로를 파멸에 빠뜨린 대표적 사례가 흑사병의 유행이었는데 싱겁지만 바뀌지 않는 진실 하나가 바로 '아는 것이 힘'이다. 사람과 쥐, 고양이의 질긴 인연은 申子會, 子巳胎, 巳申刑이 실상에서 어떻게 나타나는 지로 잘 살펴보라.

▸ fengshui lucky cat

손짓하는 고양이상은 일본에서 대중화된 행운의 기물이다. 붉은 물고기를 낚아챈 고양이상은 특별하다. 신진(申辰) 합작(合作)의 기물인데 돼지띠와 토끼띠, 양띠의 목명(木命)에게 이 물건은 겁살(劫煞)과 반안(攀鞍)의 합작을 암시하여 일시에 재물을 모으고 신분이 상승되는 복록을 상징하는 마스코트가 된다. 고양이가 한 손을 들고 위아래로 흔드는 것은 '복과 재물을 부른다'는 뜻이다. 일본인들은 고양이 손이 더 높이 올라갈수록 더 많은 복과 재물을 불러온다고 믿는다. 어떤 고양이는 왼손을, 또 어떤 고양이는 오른손을 흔든다. 왼손은 복과 사람을, 오른손은 재물과 금전을 불러온다고 한다. 마네키 네코는 흰색과 검은색, 갈색 고양이가 대부분이었다. 하지만, 현재는 금색, 파란색 등 다양한 색으로 나오고 있다. 일본 사람들은 마네키 네코가 색깔별로 다른 복을 가져다준다고 믿는다. 이를테면 보라색은 성공, 핑크는 혼담, 블루는 합격, 그린은 귀인, 브라운은 출세, 옐로우는 희망, 화이트는 액막 등인데 상술商術이 섞인 설명이다.

▸ fengshui mascots in Japan

타누끼(너구리)와 네꼬(고양이), 그리고 후쿠로우(부엉이)는 일본의 행운

기물 3종이다. 너구리는 배와 불알이 클수록 복이 많이 들어온다고 믿어졌다. 테마네끼 네꼬는 손이 높을수록 복을 많이 부르고, 운수가 좋아진다는 속설이 있다. 오른손은 돈을 부르고, 왼손은 사람을 부른다는 뜻이 있다. 부엉이는 부와 행운, 지혜의 상징이다. 목이 360도 돌아가며 사람이 보지 못하는 곳까지 경계하고, 먹이를 닥치는 대로 물어 쌓아두는 습성이 있는 까닭에 사람보다 현명하다고 믿어져 왔다. 부엉이는 일본말로 梟 (ふくろう : 후쿠로우) 인데 이 말은 부정의 말 不(ふ : 후)와 '고생'이라는 뜻의 苦労 (くろう : 쿠로우)를 합한 말과 동음이의어다. 한마디로 고생하지 말고 잘살라는 뜻이다.

까마귀 論烏, Raven Necklace with silver bail and Pink Swarovski crystal

Feng Shui Tip ▸

1. 까마귀 기물은 공간의 서남방에 적용하여 배치한다.
2. 까마귀는 한 마리 이상의 기물을 쓰지 않는다.
3. 까마귀는 여타의 맹금류와 같이 적용해선 안 된다.

4. 잔나비띠는 까마귀 기물이 맞지 않다.

민속에 까마귀는 유酉에 별러지기도 했지만, 申에 가깝다. 이런 연유로 경庚은 '까마귀'가 된다. 서양에서 까마귀는 언제나 밤의 음산함과 불길한 전조를 몰고 다닌다. 포우(Edgar Allan Poe)의 까마귀(The Raven)는 18연 108행으로 된 긴 시로 여기서 주인공은 온통 번민으로 가득하다. 하지만 우리에게 까마귀는 항상 불길한 새가 아니었다. 외려 오랫동안 신성한 새이거나 적어도 대견한 새였다. 고구려인들은 건국 초기부터 시조신으로서의 태양신과 시조새로서의 까마귀를 연관 지었다.

태양과 까마귀를 같이 보거나, 혹은 후자를 전자의 사자로 보는 이야기가 양오暘烏 설화다. 태양을 숭배했던 우리민족은 태양과 우리를 연결하는 새로 삼족오三足烏, 세발 달린 까마귀가 태양의 정기로 뭉친 신비한 새로 숭상했다. 삼국시대에는 예언을 하는 새로 인간이 해야 할 바를 인도해주는 성스러운 새로 인식됐다.

경庚은 병丙을 대개 기뻐하고 추금秋金과 동금冬金은 병정화丙丁火를 다 취해 부귀를 높인다. 일본에서 까마귀는 행운을 상징하는 길조로 여기고 있으며 붉은색이나 금색으로 그려진 까마귀는 '태양'과 '효도'를 의미하는 것으로 알려져 있다. 까마귀는 조류 중 성조가 되면 늙은 어미 새에게 먹이를 물어다 주는 효성스러운 새로 알려져 있다. 오조사정烏鳥私情, 반포지효反哺之孝. 요약하면 경庚의 성정은 번뇌하고, 개혁하며 은혜를 갚는다.

옥스퍼드Oxford 대학교 동물학과는 까마귀가 도구를 사용할 수 있을 뿐 아니라 필요한 경우에는 도구를 만들 수도 있다고 밝혔다. 인간 이외의 영장류들과 '도구 사용 능력' 면에서 견줄 수 있다는 사실로 까마귀는 원숭이만큼 똑똑해서 대체로 조류 가운데 가장 머리가 좋은 부류 가운데 하나로 알려져 있다. 실례로 까마귀는 호두를 길바닥에 놓아두었다가 차가 지나가면서 부수면 주워 먹을 정도로 영리하다. 잡식성 동물로 농작물, 음식쓰레기 등 다양한 먹이를 먹을 만큼 적응력이 뛰어나기도 하다.

까마귀 무리는 리더가 없는 단순한 집합체라는 특징이 있다. 오합지졸烏合之卒. 먹이와 영역 다툼을 하는 것이다. 그러나 강적을 만나면 떼로 모여 덤빈다. 수리나 솔개도 종종 당한다. 경庚이 경庚을 보거나 신辛을 보면 다치는 일이 발생한다. 양금상살兩金相殺, 철추쇄옥鐵鎚碎玉이다.

▸ Fengshui Raven

풍수에서 까마귀는 지혜와 지성을 상징하는 세련된 기물로 평가된다. 특히 쥐띠와 용띠에게 적합한 까마귀상은 다른 맹금류의 기물과 함께 배치해선 안 된다.

원숭이 論猴, Swarovski Crystal Figurine,

Lovlots Monkey

Feng Shui Tip ▸

1. 원숭이상은 공간의 서남방에 적용하여 배치한다.
2. 말띠는 원숭이 기물을 적용하지 않는다.
3. 범띠와 개띠는 원숭이와 궁합이 맞지 않다.
4. 쥐띠와 용띠에게는 귀인(貴人)을 부르는 행운의 기물이다.

서른여섯 마리의 동물을 십이지에 벼를 때 申에는 고양이와 원숭이가 속한다. 혹은 까마귀를 넣기도 하는데 보통은 원숭이를 원猿과 후猴, 또는 유狖로 나눠 배당한다. 이 책에서는 후猴로 통일해서 원숭이 하나로만 다룬다.

삼국유사三國遺事에는 원숭이 이야기가 나온다. "이차돈異次頓이 순교하자 하얀 피가 한 길이나 솟아올랐다. 하늘이 컴컴해졌다. 땅이 진동하며 빗방울이 떨어져 내렸다. 감천甘泉의 샘물이 말라 고기와 자라들이 다투어 뛰어올랐다. 나뭇가지가 부러지자 원숭이들이 떼 지어 울었다."

택리지擇里志에는 명命과 왜倭의 전투에서 원숭이들로 인해 혼란에 빠진 왜군들이 대패하여 시체가 가득했던 장면을 묘사하는 얘기가 있다. 庚金의 숙살지기肅殺之氣 때문일까. 유독 원숭이는 피와 관련된 고사故事가 많았다. 어쨌든 몇몇 기록을 살피면 옛날에는 우리나라에도 원숭이들이 있었을 법도 하다.

그런데 조선 후기부터는 원숭이의 존재가 아예 부정됐다. "동국

東國에는 원숭이가 없다. 고금의 시인들이 원숭이 소리를 표현한 것은 모두 틀린 것이다"는 말까지 나왔을 정도다. 한 마디로 우리나라와 원숭이는 궁합이 맞지 않았다. 寅申沖의 물상일까? 寅과 申은 서로가 절지絶地에 놓이는 글자 조합이다.

조토燥土는 생금生金하지 못한다. 庚金은 未에서 관대冠帶하지만 팔자에 水가 없다면 무용無用하다. 초패왕楚覇王, 항우項羽는 진秦나라의 수도를 불태워버리고 유방劉邦을 추방하여 부귀영화를 누리며 자기는 금의환향錦衣還鄕해야 한다고 말했다. 그러자 한생韓生이 항우는 그런 의관을 할 됨됨이 못 된다며 목후이관沐猴而冠이라 비꼬았다. 원숭이가 관을 썼다는 뜻으로, 옷은 훌륭하나 마음은 사람답지 못함을 이르는 말이다.

未에서 申과 庚이 같으면서도 다른 결과를 보게 됨은 水가 '있고, 없고'의 차이에 달린 것이다. 한편 개와 원숭이의 사이처럼, 매우 사이가 나쁜 관계를 일컬어 견원지간犬猿之間이라 말한다. 申과 戌은 쇠衰하고 병病드는 관계라 좋을 리 없다. 하지만 치명적인 타격을 입는 일은 거의 없다. 대개 둘이 으르렁거리며 서로를 경계하다 끝나고 만다. 어쩌면 끝도 한도 없는 싸움이나 대립이 더 고통스러울 수도 있으므로 이 둘의 관계는 절대 바람직하지 않다.

무라카미 하루키村上春樹의 '세계의 끝과 하드보일드 원더랜드'에는 '천박한 섬의 원숭이 이야기'가 있다.

"어딘가 아주 먼 곳에 천박한 섬이 있었어요. 이름을 붙일 만한 섬도 아니죠. 아주 천박한 모양의 섬으로, 그곳에는 천박한 모양을 한 야자나무가 잘 어울리죠. 그 야자나무는 천박한 냄새를 풍기는 야자열매를 만드는데, 마침 그곳에는 천박한 원숭이가 살고 있고, 그 천박한 냄새를 풍기는 야자열매를 좋아해서 즐겨먹죠. 그리고 천박한 배설을 하죠. 그 배설물은 땅바닥에 떨어져 천박한 토양을 더욱 천박하게 하고, 그 토양에서 자란 천박한 야자나무를 더욱 천박하게 하는 거예요. 그러한 순환이 계속 되는 것이죠."

화자話者는 어떤 종류의 어두운 부분은 그 자체의 힘으로 자체의 사이클을 통해 점점 커지고, 어느 시점을 지나면 아무도 그것을 멈추게 할 수 없다는 점을 말하고자 한 것이다. 욕구를 중단할 수 없는 원숭이는 고사에도 몇 차례 등장한다. 생각은 말처럼 달리고, 마음은 원숭이처럼 설렌다는 뜻으로 번뇌煩惱와 정욕情慾 때문에 마음이 흐트러져 억누를 수 없음을 이르는 말이 의마심원意馬心猿이다.

申과 午는 각기 욕패浴敗에 들어 몹시 불리한 글자 조합이 된다. 그런데 명리는 사람의 탐심貪心이 속진俗塵에서 성취를 불러오는 인자因子로 간주한다. 술가術家들은 사물의 현상에서 일방적으로 '좋고·나쁘고'를 가려 취하는 법이 없다. 이래저래 申은 간단하게 규정할 수 없는 글자다. 申이 무량無量해서인가?

▸ Fengshui Monkey

나쁜 것은 말하지 않고 듣지도 않으며 보지도 않는 세 가지 미덕을 원숭이의 표정을 통해 나타냈다. 잔나비는 창의를 상징하는 신금(申金)에 속하는 동물이다. 보통 서재나 책상에 놓아두는 이 기물은 실패하지 않는 인간관계를 암시한다. 뱀띠와 닭띠, 소띠의 금명(金命)에게 원숭이상은 건록(建祿)의 물상을 지어 한 마디로 재물의 획득을 약속한다. 쥐띠, 용띠의 수명(水命)에게는 장생(長生)의 기물로 영감을 주고 선전 기능을 강화하고 후원자와 연결하는 행운의 물건이 된다.

▸ Feng Shui Monkey With Ingot

酉

꿩(雉), 닭(鷄), 솔개(鳶)

꿩　論雉, Swarovski Pheasant

닭　論鷄, Swarovski Rooster

솔개　論鳶, Swarovski The Bald Eagle

꿩 論雉, Swarovski Pheasant

Feng Shui Tip ▶

1. 꿩 기물은 공간의 서방에 적용하여 배치한다.
2. 뱀띠에게 꿩은 독보적 성취를 암시한다.
3. 쥐띠와 토끼띠는 꿩과 궁합이 맞지 않다.
4. 범띠와 개띠에게 꿩 기물은 저축을 늘게 하는 암시가 있다.

강원도 치악산雉岳山의 원래 이름은 적악산赤岳山이었다. 이 지역의 사람들이 '꿩이 보은報恩을 한 산'이라 해서 꿩·치稚자를 써서 치악산으로 바꾼 것이다. 은혜를 갚은 꿩의 전설은 대강 두 가지 버전으로 전해 내려온다.

"어느 선비가 과거를 보러 한양을 향해 떠났다. 적악산기슭 오솔길을 걸어가는데 숲속에서 꿩의 비명소리가 들렸다. 주위를 둘러보니 잔솔밭 아래 커다란 비단 구렁이가 꿩을 잡아먹으려고 똬리를 틀고 있다. 청년은 꿩을 불쌍히 여겨 활을 당겨 구렁이를 쏘아 죽였다.

그리고 길을 재촉하여 가는데 해가 저물었다. 깊은 산중에서 해가 저물어 부득이 인가를 찾게 되었다. 어두워서 찾아낸 집이 어느 절간이었다. 그런데 문을 여니 소복을 입은 여인이 나타났다. 나그네는 하루 밤 묵고 가기를 간청했다. 여인은 청을 들어주고, 저녁밥까지 차려주었다.

곧 깊은 잠에 빠진 그는 몸이 부자유스러움을 느껴 눈을 떴다. 그런데 커다란 구렁이가 한 마리가 온 몸을 칭칭 감고 있지 않은가? 그는 놀라서 소리쳤다. '어째서 죄 없는 선비를 해치려 하는가?' 구렁이가 답하길, '손님은 오는 길에 살생을 했소. 그 구렁이는 내 남편이오. 그를 죽였으니 임자도 마땅히 죽음을 당하여야 하오'라고 말했다.

선비는 살려달라고 빌었다. 그러자 답하길, 이 절 뒤에 종루鐘樓가 있는데 종을 세 번만 울리면 살려줄 수 있다고 했다. 선비는 자신의 활 솜씨를 믿고 다행이라 생각했다. 날이 밝아 절 뒤뜰에 나가 보니 종루가 어찌나 높은지 생각했던 것과 달랐다. 그는 활을 힘껏 당겼지만 화살이 종에 미치지 못했다. 별수 없이 죽게 된 셈이다.

그런데 이때 종루의 종이 세 번 울리는 소리가 났다. 그러자 구렁이는 소리 없이 사라졌다. 웬 변고인가? 기이하게 여긴 선비가 종루 아래를 살피니 그곳에 꿩 세 마리가 죽어 있었다. 전날 살려 준 꿩의 식솔들이 은혜를 갚으려 머리로 종을 치고 죽은 것이다."

이 절이 바로 한국에서 가장 높은 곳에 있다는, 해발 1,200m에 위치한 상원사라는 사찰이다. 전설의 다른 내용은 다음과 같다.

이 산기슭에 수행이 깊은 승려가 있었는데, 어느 날 산길에서 큰 구렁이가 새끼를 품고 있는 꿩을 감아 죽이려는 것을 보고 지팡이로 구렁이를 쳐서 꿩을 구하였다. 그날 저녁 승려는 폐사가 되다시피 한 구룡사에 도착해서 잠이 들었다.

한밤중에 승려는 가슴이 답답하여 눈을 떴는데, 구렁이 한 마리가 자신의 몸을 친친 감고 노려보며 "네가 나의 먹이를 먹지 못하게 했으니 대신 너라도 잡아먹어야겠다. 그러나 날이 새기 전에 이 산중에서 종소리를 들을 수 있다면 너를 살려 주겠다"고 했다.

상원사에 가야만 종이 있는데 시간상 도저히 불가능하여 포기한 채 죽음을 기다리고 있을 때 종이 세 번 울려왔다. 구렁이는 기뻐하면서 "이것은 부처님의 뜻이므로 다시는 원한을 품지 않겠다"는 말을 남기고 사라졌다. 승려가 상원사로 올라가보니 종루

밑에는 꿩과 새끼들이 피투성이가 된 채 죽어 있었다.

선비와 스님, 화살과 지팡이가 약간 다른데, 어쨌거나 뱀이 꿩으로 인해 먼저 죽고, 다음에 꿩이 또 죽었다. 巳와 酉는 서로 사死의 조합이 되는 까닭이다. 그 자리에 절이 남았다. 적赤(巳火)이 치雉(酉金)로 변했고 불상이 모셔졌다. 酉金은 사찰 · 불상의 물상을 짓는다. 사람이 짚고 다니는 지팡이는 未의 형상이다. 未 또한 사찰의 물상을 짓는다. 巳酉가 합습하면 둘이 죽어 새로운 금형金形을 만들어 내는 것이다. 따져보니 未의 화살과 지팡이가 결국 꿩을 죽인 동기가 됐다. 확치자응攫雉者鷹, '꿩 잡는 게 매'여서일까? 酉는 巳에서 사死하고 未에서 쇠衰한다.

▸ fengshui pheasant

풍수에서 서방(西方)은 재원이 마르지 않는 영역으로 중시됐다. 꿩 기물을 공간의 서쪽에 배치하면 재물이 고갈되는 법이 없다.

닭 論鷄, Swarovski Rooster

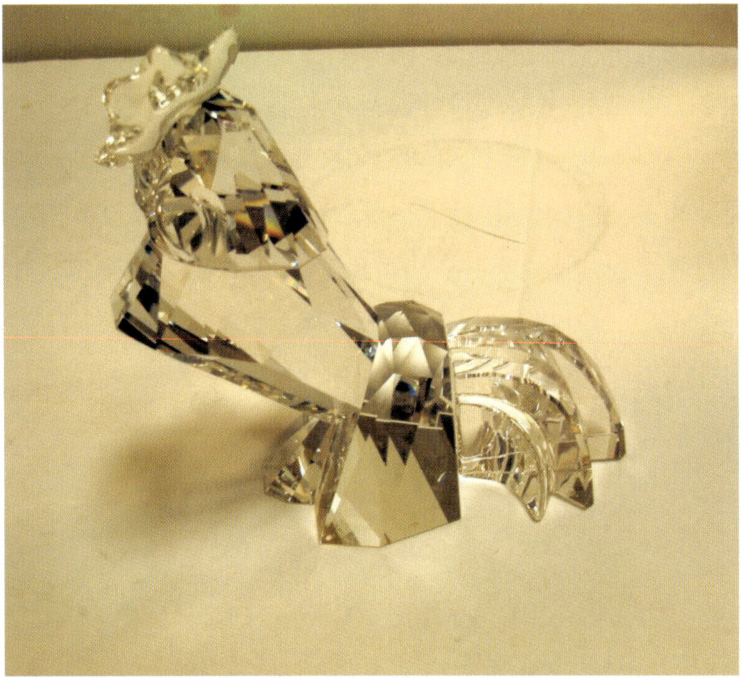

Feng Shui Tip ▸

1. 닭 기물은 공간의 서방에 적용하여 배치한다.
2. 풍수에서는 오직 화려한 수탉의 상을 적용한다.
3. 뱀띠와 소띠에게 수탉은 성공적 경력을 부르는 행운의 기

물이다.

4. 쥐띠와 토끼띠는 닭과 궁합이 맞지 않다.

조선시대 문헌 송남잡식松南雜識에는 '계란에도 뼈가 있다'는 속담에 대한 얘기가 나온다. 정승 황희黃喜의 집이 가난해서 임금이 하루 동안 남대문으로 들어오는 물건은 모두 황희의 집으로 보내라 일렀다.

그런데 하필 그날 종일 비가 와서 아무 것도 들어오는 게 없다가 저녁이 되어서야 달걀 한 꾸러미가 들어왔다. 황희가 달걀을 삶아 놓고 보니 모두 곯아서 먹을 수가 없었다는 데서 나온 말이 계란유골鷄卵有骨이다. '곯았다'는 '곯'의 음과 골骨이 발음이 비슷해서 와전된 말로 복이 없는 사람은 아무리 좋은 기회를 만나도 덕을 못 본다는 얘기다. 남대문으로 들어온 계란은 午와 酉의 물상이다. 酉는 午에서 병病이 드니 곯기 마련이다.

"옛사람이 이르되 암탉은 아침에 울지 않는다고 했다. 또 암탉이 새벽에 울면 집안이 망한다고 했다. 그런데 오늘날 은殷나라 왕, 주紂는 여인의 말만을 듣고 있다. 조상의 제사를 전혀 돌보지 않고 한 조상을 모신 백이伯夷와 숙제叔齊 형제들도 전혀 돌보지 않으며, 그들을 임용하지도 않았다."

서경書經의 목서편牧誓篇에 나오는 무왕의 말이다. 여기서 암탉이 새벽에 우는 일을 맡았다는 뜻으로 쓰인 말이 빈계사신牝鷄司晨이다. 아내가 남편의 할 일을 가로 막아 자기 마음대로 처리함을 비꼬아 표현한 성어다. 신晨은 진시辰時를 가리키기도 한다. 酉는 辰에 입묘入墓한다.

그런데 암탉의 울음이 나쁜 것만은 아니다. 시경詩經에는 계명지조鷄鳴之助란 말이 있다. 옛날 임금의 어진 비妃는 새벽이면 왕에게 일찍 일어나기를 권하여 밝은 정사政事를 도왔다는 것이다. 결국 타이밍을 맞추지 못하는 닭 울음이 문제란 얘기다.

구계옥제拘鷄屋睇, '닭 쫓던 개 지붕 쳐다보기'라는 속담이 있다. 일에 실패하고 낙심만 한다는 말이다. 개는 닭에게 당한다. 戌이 酉에서 사死하는 까닭이다. 계돈동사鷄豚同社라는 말이 있다. 닭과 돼지가 한데 어울린다는 뜻으로 같은 고향 사람끼리 서로 친목을 도모할 때 쓰는 표현이다. 酉와 亥는 각기 목욕沐浴의 글자 조합이다. 서로의 히스토리를 다 아니 별반 허물될 게 없는 사이란 뜻이기도 하다.

소를 삶을 수 있는 큰 가마솥은 닭을 삶는 데에는 알맞지 않다. 달리 말해 큰 재목은 소소한 일을 처리하는데 걸맞지 않음을 비유한 말이 우정팽계牛鼎烹鷄다. 결국 큰 솥에 닭을 삶았으니 나온 말 아닌가? 고사에 소를 대신해 닭이 피해를 보는 경우가 적지 않다. 우도할계牛刀割鷄가 그런 경우다. 풍증風症에 금禁하는 네 가지의 음식물, 계저주면鷄猪酒麪은 닭고기・돼지고기・술・메밀국수다. 乙木은 바람風인데 乙이 亥에서 사死하고, 酉에서 절絶하는 까닭이다.

▸ Fengshui Rooster

아침을 알리는 가장 두드러진 울음소리는 수탉이 낸다. 곧 다가올 미래를 전조하는 것이다. 공간의 서쪽에 수탉의 기물을 놓아두면 재운이 마르지 않는다. 오래전부터 수탉은 꿈을 현실로 나타나게 하는 길조로 여겼다.

솔개 論鳶, Swarovski The Bald Eagle

Feng Shui Tip ▶

1. 수리과의 조류 기물은 공간의 서방에 적용하여 배치한다.
2. 뱀띠와 소띠에게 독수리상은 일인자로의 부상을 암시한다.
3. 쥐띠와 토끼띠는 수리과가 맞지 않다.

간혹 사람들이 인생의 전환점에 대해 말할 때 솔개의 일생을 거론할 때가 있다. 솔개는 가장 장수하는 조류로 알려져 있다. 보통 수명이 70년가량 되는데 장수하려면 대략 40살 정도가 되었을 때 중대한 결심을 해야 한다.

이때는 발톱이 노화되어 사냥감을 그다지 효과적으로 잡아챌 수 없게 된다. 부리도 길게 자라 구부러져 가슴에 닿을 정도가 되고, 깃털 또한 짙고 두껍게 자라 날개가 무거우니 하늘로 날아오르기가 갈수록 힘들어진다.

이즈음에 솔개에게는 두 가지 옵션만이 남는다. 하나는 그대로 죽을 날을 기다리는 것이다. 또 하나는 약 반년에 걸친 고통스런 갱생 과정을 거쳐야 한다. 후자를 선택한 솔개는 먼저 산 정상 부근으로 높이 날아올라 그곳에 둥지를 트고 머물며 고통스런 수행을 시작한다.

우선 부리로 바위를 쪼아 부리가 깨지고 빠지게 만든다. 그러면 서서히 새로운 부리가 돋아나는 것이다. 다음으로 새로 돋은 부리로 발톱을 하나하나 뽑는다. 새로 발톱이 돋아나면 이번에는 날개의 깃털을 하나하나 뽑아낸다. 이러한 고통을 겪고 나면 새 깃털이 돋아난 솔개는 완전히 새로운 모습으로 변신하게 된다. 환골탈태換骨奪胎다.

그리고 다시 힘차게 하늘로 날아올라 남은 30년의 수명을 나이스하게 누린다. 변화와 개혁을 위해서는 때로 묵은 습관과 전통을 포기할 필요도 있다는 얘기다. 그러나 솔개의 이야기는 하나의 가공된 삽화에 지나지 않는다. 부리가 재생되어 다시 난다는 것은 생명체에서 만무한 일이다. 현실에서 솔개는 부리가 망가지면 죽는다.

그러니 실상에서 변화와 개혁은 거개 용두사미龍頭蛇尾로 끝나고 마는 경우가 허다하다. 눈부신 성공은 항상 예외적인 경우다. 그렇다고 해서 수명 40년을 넘긴 솔개가 없다고 단정하는 게 아니다. '팔자허자론'의 말미에는 서락오徐樂吾의 견해를 인용한 대목이 있다. "운명전이지기運命轉移之機, 지첩지미至捷至微. 비유파가습명지결심非有破家拾命之決心, 비습기사인이해지관념非拾棄私人利害之觀念, 불가득야不可得也." 한 마디로 운명을 바꾸려면 목숨을 끊을 정도의 결단만이 유효하다는 뜻이다.

명리命理는 말한다. 마음이 가는대로, 주어진 수분守分대로 사는 게 상책이라고. 하늘에 솔개가 날고 물속에 고기가 뛰어노는 게 자연스럽고 조화롭다. 다 저마다 나름대로 타고난 길을 가는 것이다. 만물이 각기 법칙에 따라 자연스럽게 살아가면 전체적으로 천지는 조화를 이루는 게 우주의 도道다. 연비어약 鳶飛魚躍이 바로 이 말이다.

그런데 酉와 亥는 서로 욕패浴敗이 조합이다. 그렇다면 辛亥가 불리하기만 할까? 그렇지 않다. 무릇 辛은 亥를 기뻐한다. 辛日은 겨울에 태어남을 기뻐한다. 주옥珠玉은 도세淘洗가 마땅하며 이로써 청수淸秀해진다. 결론하자면 酉는 亥를 보아 나쁠 게 없다. 솔개가 쥐를 낚아채는 맹금렵서猛禽獵鼠의 子酉破 물상이 겹치지 않는 한 말이다. 반대로 亥가 酉를 보면 욕패浴敗의 불리함을 면키 어렵다.

▸ Flying Eagle with Feng Shui Ball

변화와 도약을 상징하는 독수리상은 더 나은 내일을 기약하는 풍수 기물로 적용됐다. 풍수의 동물 조상(彫像)에서 흔히 볼 수 있는 구슬(寶珠;fengShui ball)은 중생의 소원을 뜻대로 이루어지게 해 준다는 보배로 불가에서는 부처의 공덕을 상징했다. 구슬은 원하는 보물이나 의복·음식 등을 가져다주며 병고 등을 없애 준다는 공상의 보주로서, 악을 제거하고 혼탁한 물을 맑게 하며, 재난을 없애는 공덕이 있다고도 한다. 보주, 여의보, 여의주라고도 한다. 법(法:진리)이나 불덕(佛德)에 비유되기도 하는데, 경전의 공덕을 상징적으로 나타낸다. 마갈어(摩竭魚:바다에 살며, 두 눈은 해와 같고, 입을 벌리면 어두운 골짜기와 같아서 배도 삼키고 물을 뿜어내는 것이 조수와 같다는 상상의 고기)의 머리 속에서 나왔다고도 하며, 제석천(帝釋天)이 가지고 있는 물건이 부서지면서 떨어진 것, 석가의 사리(舍利)가 변한 것이라는 등 여러 설이 있다. 여의륜관음(如意輪觀音)·마두관음(馬頭觀音)·지장보살(地藏菩薩) 등이 지니고 있는 것으로서 사람들의 원을 채워주는 것으로 생각됐다.

戌

개(拘), 늑대(狼), 승냥이(豺)

개　 論拘, Swarovski Lovelots Dog

늑대 論狼, Swarovski Bejeweled Grey Wolf Trinket Box

개 論拘, Swarovski Lovelots Dog

Feng Shui Tip ▶

1. 개상은 공간의 서북방에 적용하여 배치한다.
2. 뱀띠와 닭띠는 개와 궁합이 잘 맞는다.
3. 토끼띠는 대개 개의 기물이 맞지 않다.
4. 양띠나 소띠는 개상을 쉽게 적용해선 안 된다.

보통 견犬은 큰 개고, 구狗는 작은 개라고 하나 그 구분이 명확하지는 않다. 자신을 낮추는 데에도 쓰니 견마지로犬馬之勞나 견마지력犬馬之力은 윗사람에게 자기의 노력이나 능력을 낮춰 이르는 말이다. 견토지쟁犬兎之爭은 전국책戰國策의 제책齊策에 나오는 말로 개와 토끼의 다툼이 서로에게 무익한 결과를 가져온 삽화에서 유래됐다.

"한자로韓子盧는 세상에서 가장 빠른 개였고, 동곽준東郭逡은 천하에서 가장 빠른 토끼였다. 어느 날 한자로가 동곽준을 잡으려고 뒤쫓기 시작했다. 그들은 쫏고 쫓으며 수십 리에 이르는 산기슭을 세 바퀴나 돈 다음 다시 높은 산꼭대기까지 다섯 번이나 올라갔다 내려오느라 쫓기는 토끼도 쫓는 개도 마침내 둘이 다 기운이 빠져 죽고 말았다. 때마침 그 곳을 지나던 전부田父는 아무 힘도 들이지 않고 개와 토끼 두 마리를 거저 얻어 가지게 됐다."

卯戌合이 긍정적인 합合의 관계가 될 수 없음은 알만한 이들은 다 아는 점이다. 구팽狗烹도 같은 결과다. 양 머리를 걸어놓고 개고기를 판다는 뜻으로 양두구육羊頭狗肉이란 말을 흔히 쓴다. 한마디로 표리부동表裏不同하단 얘긴데. 겉은 훌륭해 보이나 속은 그렇지 못한 것이다. 앞뒤가 맞지 않으니 양과 개는 형刑의 물상을 짓기 쉽다.

개에게는 일종의 예지능력이 있는 것으로 알려졌다. 보통의 애완견도 주인이 야단을 치려고 하면 미리 알고 숨는다. 백제가 망하기 전에 그리고 임진왜란壬辰倭亂이 일어나기 전에 진도의 개들이 일제히 짖었다는 전설 같은 얘기가 전해 내려올 정도다.

이제까지 과학적 연구에 의해 증명된 자료는 없지만 부인할 수 없는 사례들에 의해 동물에게 이런 능력이 있으며 특히 개에게는 이 능력이 더 뛰어난 것으로 보인다. 현재까지의 학문적 연구가 동물의 감각을 이해하는 데 충분하지는 못하지만 이미 특별한 능력을 업으로 가지고 있는 개들도 있다.

이를테면 경고견Alert Dog은 간질癎疾 등의 사전 발작을 경고하는 역할을 수행한다. 간질 환자의 발작이 언제 일어날 지는 의사도 환자 자신도 정확히 알지 못한다. 검사기기로도 예측이 불가능하며 전혀 예고 없이 발생하는 것이 간질 발작이다. 그 이유를 잘 알 수 없지만, 경고견은 발작을 사전에 알 수 있다. 경고견이 환자에게 발작이 일어날 것을 미리 예고해 주면 갑작스러운 변고로 일어날 수 있는 사고를 미리 예방할 수 있다.

아무튼 개는 아주 작은 조짐을 미리 감지하는 능력이 있는 것 같다. 대부분의 개들은 주인의 표정을 살피면서 생활하는 습관이 있다. "개는 주인을 닮고 주인은 고양이를 닮는다"는 말이 있다. 이것은 개와 고양이 중 어느 쪽이 상대방을 잘 관찰하는지를 표현한 말이다. 개는 항상 주인의 행태를 살피기 때문에 그 행동 패턴이 주인을 닮아간다.

그러나 고양이는 주인에게 무관심하다. 항상 자기 페이스대로 생활한다. 오히려 주인이 고양이의 행동을 살펴 대응해야 하는 경향이 있다. 이런 차이는 개와 고양이가 각각 무리 생활과 단독 생활을 영위하는 데서 비롯된다. 개는 원래 서열이 명확한 무리 사회를 이루고 리더의 통제 하에 생활하던 동물이다. 그러니 팔자에 戌이 있는 사람의 행동패턴을 잘 살펴보라. 유사한 점이 있을 것이다. 육감六感이 뛰어난 것은 두말할 필요가 없다.

▸ Pair of Brass Feng Shui Fu Dogs

풍수에서 개상은 재물을 쫓고 재산을 지키는 유용한 기물로 통한다.

▸ 寅午戌 삼합

이상의 세 가지 동물상을 함께 적용할 때는 공간의 정남방에 배치한다. 보통 '범, 원숭이, 뱀, 돼지(寅申巳亥)'에 속하는 사생(四生)의 띠는 주로 연반(年攀)합작의 두 가지 동물상만 쓰는 게 좋다. 이를테면 범띠는 '토끼와 양', 원숭이띠는 '닭과 소', 뱀띠는 '말과 개', 돼지띠는 '쥐와 용'을 쓰는 식이다. 한편 '용, 개, 소, 양(辰戌丑未)'에 속하는 사고(四庫)의 띠는 생왕(生旺)합작의 두 가지 동물상만 쓰는 게 유용하다. 용띠는 '잔나비와 쥐', 개띠는 '범과 말', 소띠는 '뱀과 닭', 양띠는 '돼지와 토끼'를 적용하는 식이다. 결론해서 삼합(三合)의 세 가지 기물을 동시에 모아 적용하는 경우는 의외의 불리한 결과를 보기 쉬우므로 잘 따져 배치할 필요가 있다.

늑대 論狼, Swarovski Bejeweled Grey Wolf Trinket Box

Feng Shui Tip ▶

1. 늑대상은 공간의 서북방에 적용하여 배치한다.

2. 뱀띠와 닭띠는 늑대와 궁합이 잘 맞는다.

3. 호랑이띠는 대개 늑대 기물이 맞지 않다.

4. 양띠나 소띠는 늑대 기물을 두지 않는 게 좋다.

일상에서 처지가 고약하게 되었을 때 '낭패狼狽 보다'는 말을 쓴다. 하는 일마다 실패하면 도처낭패到處狼狽가 된다. '낭'이나 '패'나 다 같이 개사슴록변犭으로 이뤄졌다. 낭패는 산해경山海經에 나타난 전설상의 동물이다.

낭狼은 태어날 때부터 뒷다리 두 개가 없거나 아주 짧다. 그런가 하면 패狽는 앞다리 두 개가 없거나 짧다. 그런 이유로 두 녀석이 걸으려면 어지간히 사이가 좋지 않고서는 넘어지기 일쑤다.

이 두 녀석의 성정이 별스럽다. 낭은 성질이 흉포하지만 지모智謀가 부족하다. 반대로 패는 상대적으로 순한 가운데 지모가 뛰어나다. 그래서 함께 먹이를 찾으러 나갈 때엔 패의 지시를 받을 수밖에 없다. 그러다가도 마음이 바뀌면 문제가 생긴다. 서로 고집을 피우면 움직일 수가 없다.

그러므로 꼼짝없이 굶어 죽을 수밖에 없다. 같은 개사슴록변犭이 달린 동물 이야기로 교활狡猾이 있다. 교활이란 보통 간사하고 꾀가 많다는 뜻으로 쓰는 말이다. 교狡는 옥산玉山에 살며 개와 같지만 표범 무늬를 하고 있다. 머리에는 쇠뿔을 달고 있으니 그 형상이 괴이하다. 울음소리 역시 개와 비슷하다고 적혀 있다.

한 가지 특별한 것은 이놈이 나타나면 그해엔 어지없이 풍작이다. 그런 점에서 교는 길조이며 어느 누구나 반긴다. 그 주변에는 활猾이 있다. 아주 간악하다. 사는 곳은 요광산堯光山인데 몸뚱이에는 돼지털이 나 있으며 동굴 안에서 겨울잠을 잔다. 한소리 기합을 지르듯 울어대면 온 천하가 큰 혼란에 빠져 버린다.

사람들은 모두 흉조의 상징이기 때문에 활을 두려워했다. 교나 활은 호랑이와 같은 맹수를 만나면 몸을 구부려 공처럼 만든다. 호랑이가 입을 벌리고 삼키려 들면 재빨리 입안으로 들어가 내장으로 굴러간 다음에 그것을 파먹는다. 배가 아파 호랑이가 날뛰면 맘껏 내장을 뜯어 먹는 것이다. 호랑이가 아픔을 참지 못하고 뒹굴다가 죽으면 그제야 유유히 걸어 나와 교활한 미소를 짓는다. 여기에서 바로 '교활한 미소'라는 관용구가 생겨났다.

이따금 사납게 지랄을 떨거나, 거칠고 고약스럽게 구는 게 이리의 속성 일면이다. 팔자에 戊나 戌이 있으면 더러 과살戈煞의 기질이 드러날 때가 있다. 낭탐狼貪, 끊임없는 욕심을 부리기도 한다. 팔자에 申이 있고 戌을 보면 개사슴록변犭의 조합이 되어 교활한 기질을 품기 쉽다. 갖은돼지시변豸의 寅과 겹치면 때때로 사납게 돌변突變하기도 한다. 본초강목本草綱目에 '호랑이가 개를 잡아먹으면 취한다'는 말이 있다.

근래에는 '이리 신드롬'이 중국 대륙을 강타했다. 세계의 중심을 자처하는 중국서 동물의 왕인 사자나 호랑이가 아닌 이리를 추앙하자는 '이리 토템'이 대륙 전체를 달구고 있는 것이다. 왜 수많은 중국인이 느닷없이 '이리 정신을 배우자(學習狼性)'는 이리 신봉자로 변신하고 있는 것일까? 장룽姜戎의 소설 '랑狼투텅'은 베스

트셀러로 꼽힌다. 세계 26여 개국에서 번역된 화제의 책이다.

2,000년 이상 소농의식에 젖어 있는 양과 같은 중국인들에게 공격적이고 진취적인 늑대를 본받자고 주장한 내용으로 채워졌다. 유교儒敎에서 늑대는 악惡의 상징이었다. 그러니 국민성을 개조해야 한다는 저자의 목소리가 단순한 화제를 넘어 뜨거운 논쟁을 일으킬 수밖에 없다. 거개 戌未刑은 구설과 관재의 물상으로 이어지기 쉽다.

저자는 1989년 천안문 사태 이후 18개월을 복역한 전력이 있다. 늑대는 약한 상대가 아닌 강한 상대를 택해 사냥한다. 사냥이 끝나면 먼저 암컷과 새끼를 먹인다. 먹었던 것을 도로 입 밖으로 내어 새끼에게 먹인다. 가족에 대한 부양의 책임감에서는 늑대가 가장 모범적이라 할 수 있다.

▸ fengshui lion dog

한 쌍으로 된 붉은 사자상은 가정의 수호신 역할을 한다. 공간의 부정적인 기운을 정화하고, 가족의 건강과 안위를 지키는 든든한 방패 기물이다.

▸ fengshui lion dog

사원이나 신전의 사자상은 신성하게 여겨진다. 선악을 구분할 줄 알며 화재나 재앙을 물리치는 신수(神獸)로 알려졌다. 위엄과 고귀함, 상서로운 의미를 품고 있다. 사자상은 처음 서역에서 중국으로 유입되면서 만물의 왕으로 영험하게 여겨졌던 동물상이다. 따라서 성문이나 무덤 또는 탑 앞에 세워져 지킴이로서의 역할을 하게 되었다. 사자상은 현관 입구나 출입 계단 좌우에 배치한다.

승냥이 論豺, Swarovski Zodiac Dog

Feng Shui Tip ▸

1. 들개상은 공간의 서북방에 적용하여 배치한다.

2. 뱀띠와 닭띠는 들개와 궁합이 잘 맞는다.

3. 호랑이띠는 들개 기물이 맞지 않다.

4. 양띠나 소띠는 들개 기물을 들이지 말아야한다.

승냥이와 이리, 시랑豺狼은 탐욕이 많고 무자비한 사람을 비유해서 쓰는 말이다. 정약용丁若鏞이 쓴 시랑이란 시에는 다음과 같은 구절이 있다. "승냥이야 이리야(시혜랑혜豺兮狼兮), 우리 송아지 채갔으니(기취아독旣取我犢), 우리 양일랑 물지 마라(무서아양毋噬我羊)."

丑戌未 삼형三刑의 물상이다. 戌에 丑과 未는 죽어난다. 다산茶山이 볼 때 위정자란 좀도둑인 쥐보다 더 흉악한 도둑고양이와 같은 존재였다. 그래서 승냥이나 이리보다 가혹한 고을 수령의 탐학貪虐을 고발한 것이다. 시랑은 백성들의 이산을 슬퍼한 시다.

남쪽에 두 마을이 있는데 하나는 용촌龍村이고, 또 하나는 봉촌鳳村이었다. 용촌에 甲이라는 자가, 봉촌에는 乙이라는 자가 각기 살고 있었는데 서로 장난삼아 때린 끝에 乙이 우연히 병들어 죽었다. 두 마을 백성들은 관가의 검시檢屍가 두려워서 甲으로 하여금 자진하도록 권했다. 甲은 흔연히 승낙하고 스스로 목숨을 끊어 마을을 무사하게 만들었다.

그로부터 몇 달이 지난 후에 관리들이 그 사실을 알고는 두 마을의 죄상을 캐면서 돈 3만 냥을 뜯어냈는데 두 마을에서는 그것을 마련하느라 곡식 한 톨 남은 것이 없게 됐다. 그 지독함이 흉년보다 더하자 마을 사람들이 모두 터전을 떠났다. 시랑豺狼과 비슷

한 말로 난폭亂暴한 사람을 비유한 시호豺虎가 있다. 팔자에 戌과 申, 戌과 寅, 혹은 戊와 申, 戊와 寅, 庚과 戌이 있으면 사나운 기질을 드러낼 때가 있다고 이미 앞에서 설명했다.

승냥이는 체구는 작지만 무리를 이룸으로써 지니고 있는 능력을 최대한 발휘하는데 성공한 진정한 사회적 동물이다. 아시아 지역을 주 무대로 호랑이나 표범과 같은 대형고양이과 동물들이 사냥한 먹이까지 빼앗을 정도로 많은 야생동물들에게 있어서 무서운 존재다.

집단을 이루어 상대가 지쳐 쓰러질 때까지 끈질기게 추적을 멈추지 않기 때문인데 보통 15~30 마리 정도의 집단을 이룬다. 대체로 수컷의 수가 암컷보다 많은 무리에서 강한 암컷만이 새끼를 갖는다고 한다. 무리가 서로 협력해 사슴이나 대형 동물을 사냥한다. 멧돼지, 산양, 사슴, 고라니, 노루 등도 사냥하지만 설치류, 파충류, 곤충, 과실등도 먹는다.

다른 개과의 동물들이 사냥감의 목을 물어 죽이는 반면 승냥이는 큰 사냥감은 뒤에서 공격하고 작은 사냥감은 물 수 있는 곳이면 어디든지 물어서 죽인다. 사냥방법은 함께 덤불속을 헤쳐 나아가다가 전방에 있는 먹이를 발견하면 모두가 달려들어 잡거나, 무리의 다른 승냥이들이 덤불속에 몸을 숨기고 있다가 한 마리가 먹이를 유인해 오면 일제히 포위하여 잡는다.

먹이에 대해 싸우지 않고 빨리 먹는 개체가 더 많은 먹이를 차지할 수 있기 때문에 사냥이 끝나는 즉시 게걸스럽게 사냥감을 먹어 치운다. 승냥이와 이리에 비길 만한 간악한 자가 세력을 얻어 정권을 좌우하는 시랑당로豺狼當路의 현상은 인류 역사에 항상 존재했다. 삶 자체가 고통스럽고 모진 것이다.

▸ fengshui dog, Pi Yao

들개의 기물은 뱀띠와 닭띠, 소띠의 금명(金命)에게 반안(攀鞍)으로 작용한다. 이 기물을 서북방에 두거나 현관 앞에 두면 날로 번창하게 되고 충견忠犬과 같아 집을 잘 지킨다. 재물을 쫓아가는 역동적인 모양의 개, 피야오(Pi Yao)는 보다 많은 돈 벌 기회를 가져온다고 해서 인기다.

亥

돼지(豚), 멧돼지(猪), 코끼리(象)

돼지　論猪, Swarovski Pig Ornament

멧돼지 論貛, Swarovski Pumbaa Boar

코끼리 論象, Villari's Swarovski Studded Platinum Elephant

돼지 論猪, Swarovski Pig Ornament

Feng Shui Tip ▶

1. 돼지상은 공간의 서북방에 적용하여 배치한다.

2. 용띠와 개띠는 보통 돼지 기물과 궁합이 맞지 않다.
3. 돼지띠는 돼지 기물을 쓰지 않는다.
4. 토끼띠와 양띠에게 돼지상은 강한 운기를 상징한다.

삼십육수三十六獸에 亥에는 돼지가 배당된다. 드물게 돼지 이외의 짐승이 속한 자료도 찾을 수 있으나, 이 책에서는 그것을 무시하고 집돼지와 멧돼지로만 구분해서 설명한다. 민속에 돼지는 재운財運을 상징하는 복이 많은 동물로 여겨져 왔다. 과거에 장사를 하는 사람은 돼지가 새끼들을 품에 안고 젖을 물린 사진을 걸어 놓고 일이 잘되기를 빌었다. 새해 첫 돼지날인 상해일上亥日에 영업을 개시하면 한 해 동안 장사가 잘 된다는 속신俗信도 있다. 한마디로 우리 민족은 예전부터 돼지가 곧 복福과 부富의 상징이라 생각했다.

풍수風水에서도 돼지혈穴에 묘墓를 쓰면 후손이 부자가 된다고 믿었다. 한국인은 꿈에 본 돼지를 대단한 귀물貴物로 친다. 거의 용꿈과 같은 항렬이다. 돼지는 용과 더불어 최상의 길조吉兆인 셈이다. 용은 관귀官貴고 돼지는 부길富吉이다. 용과 돼지의 공통점은 같은 모양의 코다. 그렇다면 돼지 코가 부귀의 키워드일까? 용은 극도로 돼지를 혐오했다. 둘의 궁합은 맞지 않는다는 얘기다. 辰亥怨에 일단은 돼지가 화禍를 당하기 십상이다. 亥水가 辰土에 입묘入墓하는 까닭이다. 그래서인지 각자가 아닌 둘을 붙이면 돼지는 항상 뒤로 밀렸다. 일룡일저一龍一猪, '하나는 용이 되고 또 하나는 돼지가 된다'는 뜻인데 학문學問의 유무有無에 따라 어질고 어리석음의 차이가 아주 심하게 됨을 이르는 말이다.

타인에게 자신의 아들을 낮춰 말할 때 '미련한 자식'이란 뜻으로 가돈家豚 내지 돈아豚兒로 표현한다. 미련하고 못난 사람을 일컬어 돈견豚犬이라 하는데, 세상 물정에 밝지 않아서 암매暗昧한 것이다. 戌과 亥는 라망羅網이자 천문天文이 된다. 戌亥는 곧 역술易術, 도학道學, 종교宗敎, 의술醫術, 철학哲學 등과 연관된다. 어쨌거나 이 같은 류類는 대개 세속 일반의 가치와는 거리가 있다. 속담에 '돼지 윈 발톱'이라는 말은 상궤常軌에서 벗어난 언행을 하거나 평소와 다른 행동을 할 때를 비유한 것이다.

상서로움과 함께 탐욕스러움의 대상으로 돼지가 묘사되는 경우도 흔하다. "장마당 돼지 복숭아 싫달 적 있을까?" 탐욕스러운 사람은 자기 손에 굴러 들어온 이익이나 뇌물 따위를 거절하지 아니함을 이르는 말이다. 욕심이 많고 부끄러움을 모르는 돼지 같은 마음을 시심豕心이라 한다.

명리命理는 사물을 있는 그대로 보고, 받아들이며 양면을 다 수렴하는 안목을 갖추게 한다. 가령 부자의 팔자는 일단 재탐財貪하는 유형에서 가려낼 수 있다. 팔자에 재財가 없다면 부자가 될 수 없고, 부자가 될 마음도 없는 것이다. '그렇지 않다'고 반문하는 학습자가 있을 수 있다. 명운命運에 재관財官이 없어도 부귀富貴한 경우를 얼마든지 봤다는 것이 요지일 터. '팔자허자론八字虛字論'을 일독해보라. 부명富命은 필시 재財를 갖추고 있다. 비록 그것이 허신虛神이라도 말이다. 외격外格의 부귀富貴가 그냥 성립되는 게 아니다.

▸ fengshui golden pig

돼지는 수성(壽星)으로 장수와 가족의 안녕, 후손의 번창을 암시한다.

▸ 亥卯未 삼합

돼지와 토끼, 양은 삼합三合을 이뤄 각 동물에 해당되는 띠는 좋은 인연이 되기 쉽다. 범띠와 말띠, 개띠의 화명(火命)이 돼지 하나를 보면 불리하지만 이상의 세 가지 동물상을 모두 갖추게 되면 겁년반(劫年攀)의 온전한 합작 물상을 지어 바닥의 운기에서도 천정으로 치솟는 강한 운을 실감하게 된다.

멧돼지 論彘, Swarovski Pumbaa Boar

Feng Shui Tip ▸

1. 멧돼지상은 공간의 서북방에 적용하여 배치한다.
2. 용띠와 개띠는 보통 돼지 기물과 궁합이 맞지 않다.
3. 멧돼지상은 복수로 적용하지 않는다.
4. 토끼띠와 양띠에게 돼지상은 강한 운기를 상징한다.

석기시대 동물상, 조개더미, 토우, 토기 등 고고 출토유물에서 돼지의 조상 격인 멧돼지 뼈가 많이 출토되는 것으로 보아 가축으로 길들여지기 이전에 야생의 멧돼지가 한반도 전역에 자생하고 있었던 것으로 추정된다. 이러한 고고자료와 위서동이전魏書東夷傳 등의 기록으로 봐서 약 2000년 전에 돼지를 사육하기 시작한 것으로 짐작된다.

우리나라 멧돼지의 외형은 뭉툭한 몸뚱이, 거친 털, 긴 주둥이, 조그만 눈, 빈약한 꼬리 등이 특징이다. 하지만 저돌猪突이란 단어에서 알 수 있듯이, 성이 나서 날뛰며 반격이라도 하면 그 날랜 동작이란 노한 호랑이와 진배없을 정도이다. 멧돼지처럼 앞뒤를 생각하지 않고 용맹스럽게 돌진한다는 뜻에서 한漢나라 왕망王莽이 천하의 죄인과 노예를 모아서 조직한 군대의 이름이 저돌희용猪突豨勇이었다.

멧돼지의 가장 무서운 것은 주둥이 밖으로 솟아난 예리한 송곳니다. 수컷의 아래 견치犬齒는 나이를 먹을수록 자라 장대하게 되는데, 위턱의 것과 엇물려 갈리는 관계로 언제나 날카로운 칼날모양을 하고 있다. 멧돼지가 이것으로 공격하는 솜씨도 신묘할 정도다. 우리나라 멧돼지는 유럽 멧돼지와 달리 정수리에서 등줄기까지 긴 갈기털이 있다.

또 윗입술에서 뺨을 거쳐 목에 이르기까지 연한 빛깔의 무늬가 있는 것이 특징이다. 멧돼지는 '먹성'과 '야성'의 화신으로 냄새 맡는 데 귀신이다. 몇 리 밖 엽총의 화약 냄새까지 식별해 낼 정도이다. 성깔이 신경질적이고 경계심이 강하며, 전광석화처럼 민첩하고 헤엄도 잘 친다.

공자孔子에게는 그가 사랑했던 문하생인 자로子路가 있었다. 그는 공자보다 9세 아래였고 제자 중에서 최 연장자로 중심적인 인물이었는데 본디 무뢰한으로 성미가 거칠었다. 그러나 공자의 훈계로 문하에 입문한 뒤로부터는 꾸밈없고 소박한 인품이 나타나 스승을 헌신적으로 섬겼다. 사제師弟 간의 친분이 논어論語에 잘 표현되어 있다.

자로는 스승의 가르침을 받으면 실천에 옮기는 인물이었다. 공자는 그를 가르침에 있어, 도의를 표준으로 했을 때라야 비로소 용기의 가치가 있음을 강조하여 그의 남보다 앞서는 용기와 적극성을 교정했다. 뒤에 위衛나라에서 벼슬했는데, 내란이 일어났을 때 스스로 도의적 입장에서 전사戰死를 택했다. 내란 소식을 들었을 때 공자는 그의 죽음을 예언했다. 관계패가冠鷄佩猳라는 말이 있다.

수탉을 관모로, 멧돼지를 허리에 찼다는 뜻으로, 용맹하고 마음이 곧음을 이르는 말인데 어딘가 한곳은 비었다는 얘기다. 공자의 제자가 되기 전의 자로의 모습을 이르는 말로 사제의 연을 맺기 전에 자로는 공자의 명성에 질투심을 느끼고 닭과 돼지를 몰고 공자의 강의실에 나타나 강의실을 엉망진창으로 만들어놓았던 적이 있었기 때문이다.

아무튼 공자는 이 같은 자로의 순진함을 좋아했다. 원래 상관傷官은 일단 감복感服하게 되면 충의忠義를 드러내는 법이다. 酉와

亥는 각기 욕패浴敗의 조합으로 일단 불리한 작용을 하기 쉽다. 그런데 辛과 壬의 십간十干 관계는 대개 양호하다. 辛과 亥도 귀貴가 나타난다. 酉亥는 그 자체로는 청수淸秀하나, 형충파해刑沖破害가 섞이면 탈이 나기 일쑤다.

▸ fengshui wild boar ornament

멧돼지상은 오래전부터 풍요와 번영을 상징하는 기물로 각광받아왔다.

코끼리 論象, Villari's Swarovski Studded Platinum Elephant

Feng Shui Tip ▶

1. 코끼리상은 공간의 서북방에 적용하여 배치한다.
2. 용띠와 개띠, 돼지띠를 제외하고는 코끼리는 누구와도 궁합이 맞다.
3. 돼지와 코끼리 기물은 섞지 않는다.
4. 토끼띠와 양띠에게 코끼리상은 특히 좋은 운을 실감하게 한다.

코끼리는 고길(高吉)이란 말에서 나왔다. 한 마디로 크게 길하다는 뜻이다. 영어로는 '우아'하다는 뜻에서 비롯된 말이다. 코를 하늘로 높이 쳐든 코끼리상은 구원을 얻는다. 오래 전부터 코끼리를 만나면 재복이 터진다고 했을 정도로 특별한 행운의 상징이었다.

고대 시대에 전차로 '전투 코끼리'가 등장했다. 전투 코끼리는 말 그대로 군사용으로 사용된 코끼리고 주로 인도, 동남아시아나 고대 지중해 세계에서 돌격용으로 적을 밟아 잡거나 적 전열을 무너뜨리는 것을 주목적으로 이용됐다. 인도 및 동남아시아에서는 인도코끼리, 카르타고 및 그리스에서의 전투 코끼리로는 현재 멸종된 북아프리카 코끼리가 주종을 이뤘다.

전투 코끼리는 인도에서 처음 등장했지만, 서방으로 전파되면서 서방의 역사에서도 전투 코끼리가 등장한다. 예로 페르시아 제국이 알렉산드로스 대왕의 마케도니아(Macedonia)군을 상대하기 위해 가우가멜라 전투에서 15마리의 코끼리 부대를 투입하였는데 비록 이 전투에서 페르시아군은 패배하였으나 알렉산드로스는 코끼리에 겁을 먹었다. 전투에서 승리한 후에도 이에 깊은 인상을 받아 전투에서 사로잡은 15마리의 코끼리를 페르시아의 잔존 영토를 정복하는데 투입했다.

또 인도를 침공하는 과정에서 마케도니아군은 펀자브 지역의 히다스페스 전투에서 피로스(Pyrrhus) 왕이 투입한 85~100마리 가량의 전투 코끼리 부대를 상대하게 되었는데, 비록 완승을 거두었으나 이후에 퍼진 인더스 강 너머의 인도 국가들이 수천 마리의 전투 코끼리 부대를 운용한다는 이야기를 들은 마케도니아군은 겁에 질렸고, 이는 알렉산드로스 대왕(Alexandros the Great, BC 356~BC 323)이 인더스 강을 넘어 정복 전쟁을 계속하지 못하게 하는 원인으로 작용했다.

이후의 사례로 가장 유명한 것은 피로스의 승리(Pyrrhic victory)로 유명한 에페이로스의 피로스 왕이 로마와의 전쟁에서 동원한 전투 코끼리와 카르타고의 한니발이 2차 포에니 전쟁에서 전투 코끼리로 로마군에게 코끼리 쇼크를 선사해준 사례가 있다.

전장에서 코끼리는 적진을 돌파하고, 말들을 겁먹게 하여 전선을 이탈케 하는 효용과 동시에 아군의 방호하는 역할을 수행했다. 그런데 코끼리가 두려워한 대상은 의외로 돼지였다. 코끼리는 일반적으로 익숙하지 않은 소리에 민감하여 돼지 울음에 민감하게 반응한다. 이러한 습성을 이용하여 고대 그리스 메가라의 군대에서는 기름은 부은 돼지에 불을 붙인 뒤 돌진해 오는 코끼리들을 향해 풀어놓는 방법을 썼다. 이들의 울음소리에 놀란 코끼리떼는 즉각 날뛰며 통제 불능 상태에 빠졌다는 것이다.

▸ fengshui Elephant

백상白象은 더욱 귀한 대접을 받는 풍수 기물이다. 타이는 흰 코끼리를 국가의 상징으로 삼고 있다. 미얀마에서는 흰 코끼리를 행운을 가져다주는 신성한 동물로 여긴다.

지은이　　이 수
명리학자

스와로브스키 풍수

Swarovski Fengshui

첫판 1쇄 2013년 10월 30일

지은이 이 수

펴낸이 장석홍

펴낸곳 도서출판 장서원

141-160 서울 용산구 남영동 7-1(201호)

전화 703-5362 팩스 797-5362

등록 제 01-01213호

shjang1011@hanmail.net

정가 20,000 원

파본 된 책은 바꿔드립니다.